SUEÑOS DE LO QUE VENDRÁ DESPUES DEL 2012

EL HOMBRE

SUEÑOS DE LO QUE VENDRÁ DESPUES DEL 2012

SUEÑOS DE LO QUE VENDRÁ DESPUES DEL 2012

El Hombre

Número de Control de la Biblioteca
del Congreso de EE. UU.:   2012911201
ISBN: Tapa Blanda   978-1-4633-3173-3
                   Libro Electrónico   978-1-4633-3174-0

Para pedidos de copias adicionales de este libro, por favor contacte con:
Palibrio
1663 Liberty Drive
Suite 200
Bloomington, IN 47403
Llamadas desde los EE.UU. 877.407.5847
Llamadas internacionales +1.812.671.9757
Fax: +1.812.355.1576
ventas@palibrio.com
414040

ÍNDICE

INTRODUCCIÓN

Estamos llegando a una fecha de término: el 2012, múltiples profecías nos dicen que nuestro mundo está acabando y que no hay un después del 21 o 22 de diciembre de éste año, la verdad esa idea está generando un pánico colectivo absurdo, principalmente porque nos dicen que los mayas habrían anunciado que el mundo se acabaría en diciembre del 2012, pero en realidad los mayas nunca usaron el concepto: "Fin del mundo", únicamente dejaron en sus piedras y estelas la idea del fin de una era y anunciaron un momento de cambios en la vibración de la tierra y de gran aumento de la energía del planeta, derivado de la influencia que tiene sobre nuestro sistema solar el centro de la galaxia (Hunab-ku).

Los mayas hablan de la llegada de un Dios (Bolán Yokte), o de la llegada de varios dioses, pues Bolán significa nueve; hablan del fin de la noche de la galaxia y del inicio del amanecer de una era de oro; otras culturas hablan del nacimiento de un nuevo mesías y de cambios, eso sí, todos hablan de cambios.

Existe un gran desconcierto entre toda la gente sobre lo que pasará y muchos creen que ese día se presentará un gran cataclismo, sin embargo, la mayor parte de los expertos y místicos consideran que las personas no están uniendo todas las piezas del rompecabezas para ver lo que sucederá realmente.

Sin duda, el término de una era es importante y diciembre del 2012 traerá una serie de eventos que modificaran nuestra forma de ver el mundo, lo que traerá repercusiones todavía impensables por la gente.

Primero que nada hagámonos a la idea de que esto no va a pasar en un solo día, en realidad ya está pasando, desde hace muchos años estamos en una ola de cambio nunca vista y, por supuesto, el proceso de cambio durará algunos años, tal vez 100 o 200 años.

Pero para cambiar, primero tienen que desaparecer muchas estructuras y formas, de hecho, los síntomas del colapso ya se observan. Cuando vemos la situación actual del planeta en lo económico, en lo social y en lo político, incluso en lo relativo al clima y a los cambios geológicos, es obvio pensar que estamos en un momento crítico y casi apocalíptico.

Nuestras sociedades están enfermas, colapsando sobre si mismas: la pobreza y la marginación afectan a la mayor parte de la humanidad, las economías se encuentran en crisis permanentes y cada día observamos a más personas sin empleo y sin hogar, esto incluso en los países que antes considerábamos del primer mundo; casi todos estamos decepcionados de los sistemas políticos y de los gobernantes, por todas partes vemos que hay mas corrupción, vemos guerras y violencia del terrorismo por todos lados, epidemias generalizadas, globalización económica y tecnológica que ha generado que el ser humano pase a ser lo menos importante.

Y qué decir del odio entre los pueblos y razas, así como entre la gente de los distintos credos, que decir sobre el maltrato a niños y mujeres, sobre la pornografía infantil y el consecuente abuso. Debemos agregar la violencia que han generado los carteles de la droga y los problemas que provocan en la seguridad de todos los países.

Todo ello ha motivado un aumento en la indignación o en la depresión, vemos también una lucha de poderes de todos tipos, falta de comunicación, escapismo a través del alcohol o las drogas y, por supuesto, lo más grave: grandes masas humanas sin esperanza, en contraste con unos pocos que todo lo tienen, pero que no por eso, se sienten felices.

Las grandes empresas con su ambición se han apoderado del mundo: las instituciones bancarias y financieras, las que manejan el petróleo y todas las formas de energía necesarias para mover nuestro planeta, las que fabrican y venden armas, las que manejan los medios de comunicación y, en general, todas las multinacionales que proveen a los humanos de bienes y servicios (algunos indispensables y otros innecesarios), son quienes mueven a los habitantes de éste tercer planeta del sistema solar solo para su beneficio, son quienes han hecho del "dinero" un Dios y nos han convencido a todos para que continuemos siendo esclavos.

Los tecnócratas y neoliberales que tienen el poder a través de organismos e instituciones multinacionales han creado los mecanismos para que no exista una salida y para que todo continúe de la misma forma.

Se han usado los sistemas gubernamentales, religiosos, educativos y comerciales para crearnos ataduras de diversos tipos. Se han usado los medios de comunicación, las películas, la música, la televisión y los medios impresos para manipular la información, crearnos necesidades vanas, convirtiéndonos en consumidores compulsivos con un eterno sentimiento de insatisfacción, pues siempre queremos más.

Se ha utilizado también el trabajo y el dinero para crear nuestro medio de sobrevivencia y con ello, la esclavitud es más grande.

Se viene presentando también el cambio climático y el maltrato al planeta, a la flora y la fauna, siendo las grandes empresas, los gobiernos y los diversos grupos de poder quienes están destruyendo el planeta, casualmente los mismos que realizan las campañas ecológicas.

No importa la forma ni el medio, todo tiene el mismo origen, hemos sido manipulados a través del MIEDO y la CULPA.

A través de éstos dos se ha bloqueado nuestra conexión con el mundo espiritual y con la madre tierra. Estamos conectados al miedo a no tener, al miedo a la violencia, el miedo a la falta de identidad, el miedo a cómo sobrevivir y el miedo a la muerte; lo que genera: ira, vergüenza, impaciencia, conflictos con el dinero y el trabajo, falta de dirección, indecisión, falta de determinación y seguridad, estrés y distorsión de nuestra energía sexual, entre otros muchos factores más.

A eso habría que agregar los cambios propios del planeta en sí: el probable deshielo de los polos con el consecuente aumento del nivel de los mares, olas de calor o de frío inusuales en casi todos los países, la falta de agua potable en grandes extensiones de tierra y el uso desmedido que se ha hecho de todos los recursos.

La percepción de casi todos es que cada día hay más huracanes, mas inundaciones, más terremotos e incluso tsunamis de los que antes nada sabíamos. Nunca habíamos visto tanta gente muriendo de hambre y de enfermedades que antes no se conocían.

No obstante, hay quienes afirman que no es así, huracanes e inundaciones siempre hubo, que guerras también existieron, y también los terremotos, tsunamis y hambrunas. Es verdad, existieron a lo largo de la historia del ser humano, pero no en la proporción actual.

Todo esto que vivimos a diario puede hacer que reaccionemos de dos formas: que vayamos perdiendo poco a poco la sensibilidad, sumergiéndonos así en un importamadrismo enfermizo o que asumamos nuestra responsabilidad como parte de la realidad y seamos un componente activo del cambio posible.

Los últimos años del siglo XX y los primeros del XXI han significado un cambio no solo en la forma de vivir, sino también en la idea de lo que es el mundo y en la forma de reaccionar ante todo ello, la educación, la psicología, la cultura, el arte, la religión han tratado de orientarnos, pero hasta la fecha no lo han logrado. Mucha gente se encuentra en un proceso de búsqueda de todo tipo tratando de encontrar una justificación a todo lo que pasa y sobre todo, señales en el camino que nos permitan un tránsito más cómodo y tranquilo.

La misma Astrología nos dice que también termina la era de Piscis y comienza la de Acuario y que todo lo que estamos viendo es consecuencia del cambio vibracional que hace que los humanos nos dirijamos hacia sociedades más liberales y menos dogmáticas, más flexibles y menos rígidas, más individuales y menos grupales, más tolerantes y menos discriminatorias, donde los seres humanos encuentren la felicidad, la paz, la prosperidad y la sabiduría, siempre tan deseadas.

Por lo tanto, el 21 o 22 de diciembre del 2012, ¡si! será un parte aguas, pero no es un final, de hecho es muy probable que la mayor parte de los humanos ni siquiera estemos concientes de ese día y de su significado, de la misma forma que el nacimiento de Cristo (evento que sin lugar a dudas afectó a todos los hombres y mujeres que han vivido durante los últimos dos mil años) no fue percibido más que por una pequeñísima minoría. ¿Quiénes de los que nacieron por allá de los años anteriores y posteriores al inicio de la era cristiana siquiera tuvieron conocimiento de que nacía un renovador o quienes pudieron suponer o prever el efecto que tendría el nacimiento de un insignificante y humilde niño en Galilea?. ¿Acaso los europeos o los africanos o los indígenas en lo que ahora es América tenían elementos para siquiera imaginarlo o sospechar que aquel día tendría alguna importancia?, pero sin lugar a dudas ese nacimiento y la vida de aquel hombre cambiaron el mundo y afectaron a toda la humanidad, directa o indirectamente.

De igual forma, lo que suceda en diciembre y los eventos posteriores nos afectarán a todos, ¿Cómo? Pues quien sabe. Pero es cierto que al igual que al comienzo de la era cristiana, tenemos que tener una conciencia para cambiar los moldes y las formas.

Pienso que los humanos no vamos a cambiar por volvernos mas espirituales o por meditar u orar, aunque todas estas cosas influirán de una u otra forma. Cada día sabemos más sobre la influencia que tiene la mente humana sobre las formas físicas y sobre lo que sucede y sí, en verdad, en conjunto llegaremos a formar una masa crítica que influirá sobre los acontecimientos, pero para ello debemos liberar a los hombres y las mujeres.

Yo creo firmemente que ese cambio deberá iniciar por la economía y lo político y por eso he decidido escribir este relato.

En realidad esta experiencia mística, llámenle contacto o llámenle canalización o llámenle simplemente un sueño, se presentó por primera vez en julio de 1992, pero posteriormente continué teniendo estas conversaciones durante un período de varios años.

Quiero aclarar que al escribir este libro lo he presentado como una sola conversación por comodidad y porque se me hace cansado repetir los eventos de meditación.

Desde fines de los años noventas escribí el primer borrador de algunas de esas conversaciones, basado en los apuntes que había hecho paulatinamente al despertar cada día y quise publicarlo pero a quienes se lo mostré no manifestaron ningún interés, al menos dos o tres editores me lo devolvieron con el comentario que debido a que en México vivíamos una crisis económica era difícil que las editoriales decidieran publicar algo como esto. En realidad todavía no era el momento.

Por lo tanto mi historia se quedó guardada en el estante de los libros, para mí como una experiencia excepcional, pero nada más.

Sin embargo, al acercarse el 2012 me he sentido impulsado a dar a conocer las ideas que alguna vez surgieron de mis charlas con Os o, si quieren, conmigo mismo, pero consciente de que pudieran ser útiles en este momento.

El escritor chileno Eduardo Galeano nos ha invitado a adivinar otro u otros mundos posibles, a pesar de que en la actualidad la Utopía parece no tener valor alguno.

Los indignados en plazas de España tienen un lema: "Si no nos dejáis soñar, nosotros no os dejaremos dormir" y con ello, el derecho a soñar en un mundo mejor ha iniciado su camino.

CAPÍTULO I

La única religión que existe es el arte de cambiar la mente inconsciente en consciente, a partir de esa conciencia todo es divino.

La oración y la meditación son los instrumentos a través de los cuales uno profundiza en ese proceso.

La meditación, por si misma, es la sola respuesta a todas las preguntas del hombre. Puede ser la frustración, puede ser la depresión, puede ser la tristeza y puede ser la falta de significado o puede ser la angustia; los problemas pueden ser múltiples pero la respuesta es una.

OSHO

Entreme donde no supe
y quédeme no sabiendo
toda ciencia trascendiendo
estaba tan embebido,
tan absorto y enajenado
que se quedó sin sentido
de todo sentir privado,
y el espíritu dotado
de un entender no entendido.

Cuanto más alto se sube
tanto menos se entendía
que es la tenebrosa nube
que a la noche esclarecía.
Por eso quién lo sabía
queda siempre no entendiendo
toda ciencia trascendiendo.

Fray Juan de la Cruz.

MEDITACIÓN:

Sería cerca de la media noche cuando comencé a meditar. Era una costumbre que había adquirido desde que era joven y que realizaba ya en muy pocas ocasiones pues el ajetreo y los compromisos de mi vida en ese entonces no me lo permitían, al menos con la frecuencia que hubiese deseado.

Recuerdo, como si fuera ayer que ese 23 de julio del 1992 había sido un día caluroso y la noche todavía guardaba algo del bochorno de la tarde, lo que me impedía conciliar el sueño.

Apagué la luz de la sala de mi casa, donde me encontraba en ese momento, por lo que todo quedó casi a obscuras, únicamente percibía un leve reflejo proveniente del arbotante de la calle, el cual se filtraba a través de una pequeña ventana de vidrio de color ámbar que podía observar detrás de la escalera que lleva a la planta alta.

Todo estaba callado y percibía un silencio agradable, tanto que escuchaba el zumbido de una mosca que revoloteaba por toda la habitación. Me sentí tranquilo y en paz conmigo mismo; en realidad no tenía problemas y mi mente estaba vacía de esa charla interna sin substancia que, a veces, no me permite relajarme y que me mantiene innecesariamente preocupado, pero en ese momento estaba dispuesto y atento a mi interior y a los sonidos de mi cuerpo.

Me senté en un sillón forrado de tela ahulada blanca escuchando ese familiar ¡Puff!, que para mi es sinónimo de descanso y que se asemeja a esa expresión que surge de mi espontáneamente cuando concluyo un trabajo o he hecho un esfuerzo.

Al posarme sobre el mueble sentí en mi piel la frescura de la tela, previamente me había quitado los zapatos, los anteojos que uso y que ya son parte de mí, el único anillo que llevo en mi mano y el reloj, pues no quería que nada me molestara. Aflojé un poco el cinturón del pantalón y los botones de la camisa - ¡que bien se estaba ahí! y ¡que bien me sentía!

Percibí, en forma conciente, los olores típicos de mi casa, esos que todos conocemos a la perfección y que nos recuerdan "Nuestro Hogar".

Cerré los ojos y empecé la inducción hipnótica, igual como la he hecho muchas veces. Las palabras surgían de mi mente como si fueran parte de una grabación que estuviera escuchando y que me son muy familiares; en realidad, estoy conciente que es mi propia voz que viene de quién sabe donde.

Como siempre, me dije a mi mismo: "Siéntate erguido y endereza la columna vertebral para que liberes tu diafragma y puedas respirar libremente". Casi en forma automática respiré en forma profunda, procurando mantener un ritmo cómodo.

Hice un último acomodo del cuerpo, coloqué mis manos sobre las piernas, con las palmas volteadas hacia arriba y asenté los pies sobre el suelo. Recuerdo que sentí una especie de calor proveniente de mi pecho y una energía recorriendo todo mi ser. Por unos instantes disfruté de esa sensación, dejando vagar los pensamientos sin control alguno, cerré los ojos y por momentos no pensé en nada; quizás surgían algunas imágenes aisladas y sin importancia a las que no les presté atención y las cuales no atrajeron mi atención por mucho tiempo.

Como lo aprendí desde joven, traté de encontrar una especie de pantalla en el entrecejo, de color blanca y nebulosa, como tratando de ver mi frente por la parte de dentro de la cabeza y nuevamente tomé una bocanada de aire.

Quise relajarme de manera mas profunda, concentrando mi atención en cada parte de mi cuerpo, tanto en lo externo como en lo interno, partiendo de las uñas de los pies hasta llegar a los cabellos de la cabeza. Me detuve, observando cada lugar, sintiendo la ropa en contacto con esa parte, sentía la piel, los músculos y ligamentos e inclusive escuchaba con claridad el sonido de mi corazón y percibía la sangre corriendo por venas y arterias, tratando concientemente de quitar cualquier tensión.

Nunca se cuanto tiempo dura este proceso y, en verdad ni me importa pues en esos momentos se olvidan las prisas, los compromisos y todo aquello que inquieta; de hecho, uno piensa que dispone de todo el tiempo del mundo.

Había perdido sensibilidad en todo el cuerpo y esa es la sensación que mas me agrada cuando medito, pues es como si uno flotara en el espacio, se pierde conciencia del cuerpo y todos los malestares desaparecen -seguramente así deben sentirse los astronautas cuando están sujetos a la ingravidez- por momentos sentía un suave bamboleo, como si fuera una cometa y estuviera amarrado a un cordón, me mecía en una sensación indescriptible y placentera.

Permanecí así por unos breves instantes, tratando de definir cual era el sentido de todo este ejercicio: me agrada hacerlo por la simple razón de descansar y aflojar las tensiones, pero también lo he utilizado muchas veces para analizar mi vida, mi pasado y presente, mis metas, deseos y defectos, incluso con el fin de percibir la consecuencia de mis actos, así como todo aquello a lo que le temo y que me inmoviliza; hacer esto, me ha sido útil para lograr cambios y mejoras durante algunos períodos críticos, pero sobre todo, me ha acercado a lo espiritual. Incluso alguna vez llegué a un estado de éxtasis y a un sentimiento de unidad con el cosmos y de percepción de alguien o algo que yo denominaría "Dios" o "El Todo". En el pasado, también, a través de la meditación, había encontrado algunas percepciones que pudiera definir como extrasensoriales, de cuyos resultados hasta la fecha no estoy muy seguro.

Recordé las veces en que únicamente me había concentrado en una vela, una luz o un sonido, siguiendo mi respiración y buscando el silencio interior, explorando mi yo, mis yoes (agregados psicológicos) o mis sentimientos. Sin embargo, ese día no existía un motivo en particular, simplemente había sentido la necesidad de meditar, quizás como una forma de expandir mi conciencia o, tal vez, como un presentimiento.

Se que la verdadera felicidad del hombre no está en el dinero ni en la fama ni en el triunfo y ni siquiera en las posesiones, sino en saber crecer cada día y, por eso la meditación me ayuda a saber que quiero, a donde voy y que estoy haciendo. Es curioso como a través de la mente racional solo logro complicarme más las cosas y como a través del silencio interior y del vacío encuentro la paz y, sobre todo, respuestas a lo que me aqueja. Cuando en el pasado había buscado el silencio, me sentía como un árbol frondoso en medio de un bosque de gigantescos ahuehuetes, viviendo sin pensar y sentir, solo percibiendo el viento y el sol, dispuesto a que la vida se posara sobre mí.

Es extraño como en la actualidad nuestras sociedades nos llevan a un estilo de vida de "mucho hacer y poco ser", siempre desconcentrados y dispersos, hacemos siempre una infinidad de cosas a la vez: leemos, hablamos, vemos la televisión o usamos la computadora, escuchamos música, fumamos, comemos, bebemos, trabajamos o codiciamos ser lo que no somos y tener lo que tampoco tenemos. Esa falta de concentración se manifiesta en nuestra imposibilidad y, yo diría, hasta en el miedo tremendo a estar a solas con nosotros mismos. Si no hacemos nada, nos dicen: "Haz algo de utilidad, no pierdas tu tiempo" y eso quiere decir que debes hacer algo con las manos o con los pies, así como con la boca o con el cuerpo todo, además de tener ocupada la mente; tal pareciera que el objetivo es desconcentrarnos.

En mis recuerdos, casi puedo ver a mi madre, ejemplo vivo de actividad y desconcentración, diciéndome cuando niño: "Haz algo de provecho, la holgazanería es la madre de todos los vicios"; como si todo en la vida fuera hacer sin importar el "Ser".

En fin, dejando de lado todos esos pensamientos, aquel día al empezar a meditar únicamente quería cerrar los ojos para ver y hacer silencio para escuchar todo dentro de mí en completo abandono y simplicidad, como decía algún maestro que tuve.

EL ENCUENTRO:

Por breves segundos vagué entre todas aquellas reflexiones, cuando de repente observé una luz dentro de mí, parecía un chispazo; no puedo decir si venía del frente, de atrás o de los lados, era como si me hubiera sumergido en ella y no podía determinar de dónde provenía; abrí los ojos, pues pensé que alguien había encendido alguna lámpara en la habitación, pero para mi sorpresa no era así. No puedo negar que sentí temor por un momento, sin embargo, me calmé de inmediato pensando que era mi imaginación o probablemente me estaba quedando dormido y esa luz había sido algo así como la sensación de caer que percibo algunas veces antes de dormir.

Cerré nuevamente los ojos y ya no vi luz alguna, por lo que continúe. Tomé una respiración más profunda y al exhalar pensé: "los ruidos no me molestarán y, por el contrario, me ayudarán a relajar mi mente de manera mas profunda".

Usando mi imaginación me visualicé caminando por una playa bellísima durante un día radiante: admiraba el paisaje y sentía en mis pies la arena blanca y suave como talco, recuerdo las palmeras meciéndose rítmicamente, atrás el cielo de un azul profundo solo salpicado por unas pocas nubes blancas como algodón; podía ver los tonos azul claro y verde del agua y su transparencia me invitaba a meterme en ella y refrescarme, pues siempre relaciono playa con calor. Sentí ese calor de un día de verano y la brisa fresca sobre mí, observaba como las olas y la vegetación mas allá de la playa también se movían con un ligero viento. Aspiré el aroma de la sal y del mar flotando en el aire, escuchaba el sonido del agua al reventar contra la arena y el suave zumbido del viento; escuchaba también el ruido de aves, tal vez gaviotas que revoloteaban en el horizonte. No se si en realidad exista esa playa solitaria, pero de ser así, debe ser hermosísima.

Me sentí muy bien con esa calma y esa belleza a mí alrededor. Disfrutando de aquel lugar imaginario, pero a la vez tan real, me quedé ahí por algunos segundos, extasiado y sin pensar en nada.

Imaginé que me sentaba en la arena, me quitaba los zapatos, los calcetines, el pantalón, la camisa y la ropa interior, quedando totalmente desnudo; me levanté y caminé hacia el mar con la sensación de que el agua estaba alrededor de mis pies y piernas, me dije a mi mismo: ¡Que frescura!.

Por un breve instante voltee hacia la playa y me pareció que había "alguien" entre las palmeras. ¡Caramba! -me dije un tanto asombrado-, esto se sale de lo normal, me pregunté: ¿Quién es? ¿De donde salió?

Traté de ser más conciente de lo que había visto con mi imaginación, volví a mirar y solo vi la vegetación, pensé que seguramente no me había relajado lo suficiente, por lo que traté de concentrarme nuevamente en el bello mar que tenía enfrente, pero no logré visualizarlo, parecía como si algo a mis espaldas llamara mi atención, lo que me impedía pensar en lo que deseaba, era como cuando se tiene enfrente un perro de esos que uno sabe que en cualquier descuido le suelta la mordida y no se puede pensar en otra cosa, sino en el animal que te gruñe y te ladra.

Decidí entonces, dejar esa escena y nuevamente respiré profundamente. Recordé que debía estar en el plano básico mental, donde algunos le llaman "entrar a Alfa", ya que corresponde a la frecuencia mental que previo al sueño genera nuestro cerebro.

Continué buscando una mayor relajación, por lo que me imaginé entrando en un elevador que descendía; podía ver los números de los pisos pasando ante mí y sentí como iba cayendo suavemente. Pisos 10, 9, 8 y me repetí mentalmente: Mas profundo; 7, 6, 5: mas y mas profundo, 4, 3, 2 y 1, mas profundo, en ese momento el elevador imaginario se detuvo. Voltee hacia lo alto y pude ver el pozo del elevador, como si no tubiera techo y la luz del día en lo mas alto, como si estuviera en el fondo de un túnel, mi mente quedó en blanco, no pensaba en nada, era como si estuviera totalmente vacía. De mi cuerpo ni me acordaba, no había nada que me molestara. A lo lejos, como un eco, oía los latidos de mi corazón y el aire que entraba a mis pulmones pero nada más.

En esos momentos de soledad absoluta, quienes meditamos acostumbramos repetir frases benéficas, como decirse a si mismas: "Estoy en perfecta armonía con el Cosmos" o cualquier otra; no obstante, yo no las uso, pues pienso que son una especie de auto-hipnosis que no me gusta. Preferí recordar algo bello que había leído y decidí, entre varias opciones, repetirme las palabras de algo que yo había escrito hacía muchísimo tiempo, tomando frases diversas que había anotado de mis lecturas, pretendiendo, tal vez, que fuera una poesía, aunque sin métrica y sin orden, de lo cual, aquí entre nos, no se nada, pero que a mi me agrada; entonces me dije:

Percibo muy en el fondo de mi alma un bello vacío donde no tengo que huir, sino esperar la calma, donde no tengo nada que proteger pero sí una gran emoción.

Es aquel lugar en que el pensamiento se interrumpe y en que la liberación final es el discernimiento de toda reacción, donde abandono iniciativa, donde no poseo poder para que se me culpe, es ese pequeño templo donde todo es comprensión.

Donde no hay bueno ni malo, ni hay que comparar, donde las horas las vivo calmadamente, sin nada que esperar.

Es ese mundo interior que me deja fluir, que me permite encontrar la alegría en el amar.

El pasado infeliz es igual que si no hubiera sucedido y el futuro incierto no genera inquietud ni desesperación.

Solo importa el ahora, que es lo que tengo asido y del que nace esa comprensión.

Yo escucho la música por mí mismo y percibo que existe la sabiduría verdadera que antes no sabía que existiera, a pesar de renunciar a mi egoísmo.

La llamo la noche obscura del alma, pues conciente me enfreno a lo que soy, desnudo a orillas del desastre, sin necesidad de palabras sin sustancia, abrigos inestables, sitios congestionados ni autoridad alguna, pues el vacío interior me da la felicidad, hoy.

Pareciera hecho ex profeso para ese momento; el vacío, la paz, la noche obscura del alma de la que hablaba Fray Juan de la Cruz. Sin querer, suspiré.

A pesar de que no soy un hombre muy religioso de acuerdo a los cánones de nuestra época, di gracias a Dios por como me sentía, pues agradecer es la mejor oración que puede uno expresar.

Siempre he pensado que es mas valioso el impulso de orar o el deseo de entrar a un templo a rezar, que el mismo hecho de repetir oraciones sin sentido y que nos llevan, dizque, a platicar con el Altísimo, cuando en realidad hablamos con nosotros mismos a través de la serie de máscaras, mentiras y falsedades con las que normalmente nos presentamos ante los demás. Pero no me interpreten en forma equivocada, creo en orar, respirando y sintiendo la unidad con Dios, creo en el amor que percibo en todo lo que me rodea, inclusive en mis semejantes y creo en el contacto con El, pero de una manera diferente.

En ese momento, mi agradecimiento fue sin palabras, más bien como una genuflexión mental, como una especie de saludo japonés y un sentimiento de pertenencia indescriptible. No terminaba de agradecer, cuando escuché dentro de mí una voz grave: *¿Crees saber que es Dios?, te aseguro que no es nada de lo que te imaginas, nada de lo que supones, ¿Crees que el entendimiento es Dios?, pues no entiendes nada.*

Me sentí sorprendido y desconcertado, la duda me cimbró, quise abrir los ojos y no pude, me pregunte ¿acaso me dormí? Me pregunte, con cierta incredulidad: ¿Me estoy cuestionando a mí mismo o estoy escuchando la voz de alguien?; entonces cruzó por mi mente la luz y aquel ser que creí ver entre las palmeras a la orilla del mar. Pensé: ¿Habré perdido el juicio?, ya alguien me había querido disuadir de hacer ejercicios de meditación, pues según decía me iba a quedar dormido y nadie podría despertarme; otro miedo era que empezara a imaginar cosas, sin ningún control de mi parte, como si fuera un esquizofrénico.

Ciertamente loco no estaba, pues yo sentía que razonaba a la perfección y aquello de no poder abrir los ojos ya lo había sentido durante alguna pesadilla, pero al fin y al cabo no había sido mas que un mal sueño. Por lo que me dije con toda la fuerza que mi mente me permitía: ¡Calma!, no tengo de que preocuparme, ¡tranquilo!, como una forma de darme ánimos y sentirme en paz.

Entonces, como algo mágico, en un instante me vi en lo alto de una colina, toda ella llena de verdor, con pequeñas flores amarillas y rosas por todas partes. Me encontraba bajo la sombra de un solitario y frondoso árbol en la parte mas elevada, podía observar colina abajo un valle muy hermoso, el cual era cruzado por un pequeño río; a lo lejos, había más árboles, pero el más llamativo era bajo el cual me encontraba, pues daba una fresca y gran sombra. El cielo estaba despejado y a lo lejos se veían algunas montañas, no de mucha altura. ¡Hermoso paisaje!, pensé, sin estar muy conciente de cómo había llegado y lo que hacía yo en ese lugar. Pude sentir la tierra y el pasto bajo mis pies, y la brisa me dio una sensación de realidad.

Absorto en esa imagen, por un momento creí escuchar: *"Si no me hablas, llenaré mi corazón de tu silencio y lo guardaré conmigo y quizás no quieras escuchar por hoy, mensajes que no saben decirte lo que quieres"* Fue como si escuchara una conversación ajena, pues yo no lo pensé previamente ni había intentado decirlo. Ni siquiera parecían palabras mías.

Recordé lo pasado en los minutos anteriores y con cierto temor, me dije: ¡Caramba!, yo solo quise agradecer a Dios, ¿qué me sucede?; -entonces escuché- *"Dije al almendro: Hermano, háblame de Dios y el almendro floreció"*. Asustado y temblando casi grité: ¿Quién me busca?, ¿quién eres?, y como respuesta, un hombre salió de atrás del árbol aquel; yo no lo había visto antes, si ahí había estado, pero sin duda en la tierra de la mente todo puede suceder.

Lo miré con detenimiento de arriba a abajo, era un hombre común y corriente, aunque su cara me era familiar; su mirada era cálida y amable, los ojos detrás de esa mirada eran claros y profundos; su cara tenía algunas arrugas suaves, solo en el entrecejo veía una marca profunda y, a los lados de la frente dos rayas que surgían de un lugar un poco más arriba de las sienes con dirección hacia el inicio de la nariz; su piel era blanca pero parecía tostada por el sol; al principio me dio la impresión de que no tenía pelo alguno sobre su cabeza pero al observar con mas cuidado le vi un cabello muy fino, casi del mismo color de su piel. Sus rasgos también eran finos, su nariz muy recta y sus cejas pobladas, mas no en exceso; su boca era pequeña y carnosa y su mentón prominente con una partida que dividía en dos la barba.

Al acercarse pude observar que su altura era similar a la mía y me di cuenta que sus brazos y piernas eran velludos, pues llevaba puesta una especie de bata o túnica, no muy larga y de color dorado, que me permitía verlos. Sus ojos parecían clavados en mí, de tal forma que sentí que me traspasaba con su mirada; sin embargo, no había agresividad en ella, en realidad inspiraba confianza y tranquilidad.

¿Quién eres?, ¿cómo te llamas?, ¿de donde vienes? — Le dije - y el respondió: *Un hombre, pero llámame como quieras.* Con cierto temor, pregunté: ¿Te estoy creando en mi mente o existes? Y él contestó: *Acaso hay diferencia.*

Un tanto molesto, estuve a punto de decirle: ¡Bueno!, si no vas a dar respuesta a mis dudas, para que hablamos.

A pesar de que, según yo, no dije nada, pareció que el escuchaba lo que estaba pensando, pues me dijo: *Creo que después podrás analizar mis respuestas y verás que sí tienen sentido, sin embargo, trataré de responder en los términos que tú me pides ¿de acuerdo?*

Volteando los ojos un poco hacia el cielo —me dijo- *provengo de una estrella blanca, mucho mas luminosa que la que tu llamas el sol, la cual* se encuentra a una distancia de unos nueve años luz de aquí, según medida terrestre; el lugar donde vivo está inmerso en la energía de esa estrella. Bueno, en realidad son dos estrellas juntas, tú le llamarías un sistema binario, pero eso no tiene importancia.

Muy bien — dije- pero ¿qué haces aquí?, ¿por qué estás conmigo?, ¿has venido otras veces? *Calma* -me contestó- *todo vendrá a su tiempo* y continuó: *Estoy aquí por que me llamaste, tal vez de manera inconsciente, podríamos decir que lo has deseado con tanta vehemencia que prácticamente me has jalado.*

¿Por qué hoy? —se preguntó a si mismo- *pues porque las condiciones del universo lo permiten, los días del perro se inician en este momento.*

¿Del perro? —pregunté asombrado- ¿cuál perro?, yo ni siquiera tengo perro. El se sonrió y me dijo: *Periódicamente los cuerpos celestes pueden y están en contacto con mayor facilidad, en tu planeta le llaman a mi estrella Sirio, la cual es la estrella Alfa del Can Mayor y ahí está el perro por el que me preguntabas; los antiguos egipcios así llamaban al período de fines de julio a principios de septiembre de cada año "Los días del Perro", días propicios para infinidad de actividades, entre ellas, la cosecha.*

Como tú vives en el hemisferio norte de la Tierra, en ese período de cada año, puedes contactarme con mayor facilidad.

Además, hace poco se ha presentado en la tierra un eclipse de sol que inicia un período de alrededor de veinte años que los Mayas bautizaron como el "tiempo del no tiempo" donde se presentarán cambios muy importantes en tu país y en todo el planeta pues es el fin de una era. En estos años se ha predicho el regreso de los señores del universo o los jardineros de la tierra o como quieras llamarnos.

Pero.... déjame continuar contestando algunas de tus muchas preguntas. En efecto, gente de mi mundo ha venido en muchas ocasiones al tuyo, pues somos parte del mismo proceso evolutivo, junto con seres de otras estrellas como las Pléyades y muchas más. En el pasado, muchos seres y entidades los hemos visitado, uno que te será fácil verificar fue el constructor de las más importantes pirámides de Egipto, ustedes lo llamaron Keops. El mandó construir la gran pirámide para aprovechar al máximo "los días del perro", lo que podrías comprobar con quienes han estudiado esa construcción; ahora ese ser vive en mi mundo. Pero hay infinidad de construcciones en tu planeta que han sido hechas por gente de mi mundo, aunque los arqueólogos de tu época no lo reconozcan.

Pero todo ello es lo de menos, cualquier ser humano puede contactar con nosotros, si busca y si así lo desea.

Volví a preguntar - ¿tienes nombre?-. *Aunque no lo creas* —continuó- *en ese lugar de donde provengo los nombres no son importantes; a pesar de que hay pocas cosas que nos distinguen a unos de otros, la verdad nos identificamos a través de vibraciones; pero en mi viaje evolutivo por este universo tan inmenso he tenido infinidad de nombres y he vivido en muchísimos lugares, entre ellos tu Tierra. De cualquier forma, si crees que te podrás comunicar mejor conmigo, utilizando un nombre -vi que dudó- pues dime OS, con S, la vibración de esas dos letras se parece un poco a lo que soy y represento.* Pensé por momentos en el Mago de Oz, pero lo rechacé automáticamente, conciente de que la vibración de la S y la Z eran diferentes.

Me lanzó una mirada entre sonriente y seria, mientras se sentaba en el pasto, invitándome con un gesto a hacer lo mismo, y prosiguió: *En cuanto a la realidad de mi presencia, te diré que si me piensas es que soy real, pero el concepto que tu y muchos de los humanos de tu época tienen sobre "la realidad" es muy limitado,* haciendo una seña de poner comillas sobre el término. *No hay duda, los pensamientos también son una forma de realidad, aunque tú no lo creas y solo des crédito a lo que ves, tocas, oyes, hueles y saboreas.*

Todo lo que percibes ha pasado a través de millones de procesos en tu cerebro antes de aparecer como algo conciente y, cuando esto se ha dado, a esa imagen que proyectas fuera de ti le llamas realidad. Yo te diría que hay miles de millones de realidades según el tipo de sentidos que tengas y el mundo en que vivas. Mínimo, te podría decir que cada hombre y mujer en tu mundo tiene una realidad diferente, pero además: ¿Acaso crees que percibes tu realidad igual que un perro o un delfín? Cuando el primero oye lo que tú no puedes y el otro tiene una especie de radar del que tú careces.

Observa lo que te rodea, ¿Crees que puedes percibir la esencia de todo cuanto existe, únicamente con tus cinco sentidos?

Coincido contigo — ¡Exclamé!-, *Lo sé* —dijo él—y volvió a su monólogo.

Seguramente habrás oído o leído acerca de la ecuación básica de la Teoría de la Relatividad de Einstein. Me apresuré a parecer inteligente y le dije: Sí, la de E=MC2, donde la energía es igual a la masa por la velocidad de la luz al cuadrado.

Asintió con la cabeza, sonriendo con benevolencia: *pues eso significa que todo cuanto existe no es sino energía, la cual, como es obvio, no percibes sino limitadamente.*

Y continuó: .*Si te das cuenta, tus ojos son los sentidos que te acercan un poco más a la realidad, pues captan la luz, que al fin y al cabo, es la base del cosmos; pero a pesar de ello, solo captas un rango muy pequeño de toda esa luz, no puedes ver la fuerza de gravedad, el magnetismo, los rayos cósmicos, ni los rayos infrarrojos o ultravioletas ni los rayos gama y quien sabe cuantos mas. De hecho todo lo que existe tiene luz propia, pues todos los seres percibimos la energía como luminosidad, aunque tus sentidos te limitan. Dios sería la máxima luminosidad, ya que es la energía de la que provienen todas las demás energías.*

La ciencia en tu mundo está por descubrir que existen muchos universos y en ellos se mueve la energía y la materia obscura, pronto oirás que el 90% del universo es energía y materia obscura y ello, tal parece que se contradice con lo que te estoy diciendo, pero no es así, insisto en que es obscura porque jala toda la energía (como los agujeros negros en el universo) o por que no tienes la capacidad, esto es, el sentido para verla, por lo tanto, solo tienes la posibilidad de detectarla por otros medios.

Si haces un análisis de lo que ves, entenderás que en tu mundo y bajo tu rango restringido de percepción, la mayor parte de los objetos que conoces no son sino absorbedores y reflejadores de energía, el estudio de la mecánica cuántica se inició precisamente por no poder explicar el porque de los objetos obscuros o negros. Por supuesto, también percibes a unos pocos objetos emitidores de luz como el sol o las estrellas o incluso los focos y lámparas.

Y si profundizas más, verás que los espacios no existen. El espacio interestelar, así como los espacios interatómicos están llenos de energía, sin lugar a dudas de luz, de diversos tipos de rayos invisibles o visibles para el ojo humano, para ti o para mí, pero tan reales como una piedra o como el material de que está hecho este árbol que supuestamente está dentro de tu mente- tocando la madera que tenía enfrente.

El espacio entre átomos parece ser inmenso en comparación con el tamaño de las partículas subatómicas, sin embargo no está vacío tampoco, pues existe esa energía, fuerzas entre ellos que no percibes pero que es obvio que existen, pues están ahí conformando ese átomo y manteniéndolo unido.

La paradoja es que tampoco las partículas y subpartículas son materia como tú la concibes, pues en realidad podrían ser ondas y en consecuencia todo lo que existe podría no ser como tú crees que es.

La limitación es tal que, dentro de tu rango de visibilidad, ves la luz del sol y de las estrellas todas, como algo que te está llegando, cuando —en verdad- estamos inmersos en su energía, sí por supuesto, energía en movimiento, pero que no tiene inicio ni término.

Cuando tu percibes con tus ojos esa energía, dices que los objetos que tienes delante de ti; como el limón y la naranja en el frutero y el libro que están sobre la mesa de tu casa, son de determinado color: ¿acaso no es verde el primero, naranja la segunda y rojo el último?, pues no, cada uno de esos objetos reciben cuantos de energía denominados fotones, los cuales contienen todas las posibilidades de color. Entonces, cualquier objeto de acuerdo a las características de sus partículas capta todos los colores, rebotando o dejando salir únicamente una parte de esa energía, cuya longitud de onda hemos nombrado verde, naranja o roja. Esto quiere decir que el limón podría ser todos los colores del espectro menos verde pues ese el que deja en libertad y así todos los demás objetos existentes

¿De acuerdo? –Preguntó- y yo asentí.

El continuó: *Además, esa energía que nos llega y que contemplamos como luz, no nos dice nada acerca de la esencia el objeto por el que cruzó pues en realidad proviene del sol o de cualquier otra fuente luminosa cuyos átomos han sido excitados. Esa energía viene a golpear las células y, en consecuencia, los átomos de mis terminales nerviosas y ello permite crear en mi mente un objeto X, el cual, según mi educación o experiencia yo clasifico como bello o feo, agradable o desagradable, agresivo o no.*

Agrega a todo ello que vives en un túnel donde solo captas la velocidad de la luz que se desplaza a 300,000 Km/seg; es lógico que si hubiera energía a mayor o menor velocidad no podrías captarla, pues careces del sensor, esto es, el sentido que lo permita –y volvió a preguntar- *¿crees que pudiera ser la explicación de la existencia de la energía obscura o de la materia obscura?*

Algunos hombres de tu tiempo empiezan a visualizar que es posible que la velocidad de la luz este subiendo gradualmente y, en proporción, la fuerza gravitatoria este bajando, suponiendo que la densidad del tiempo pudiera ser variable en distintas regiones del cosmos.

Pero a pesar de que te podría asegurar que no andan tan equivocados, al fin y al cabo, lo que llamas realidad solo sería valido para ese túnel de impresiones que llamamos tierra y para el nivel de conciencia que tienes, dentro del que, por supuesto, juega un papel muy importante nuestra percepción del tiempo. De hecho, el tiempo es la manera que tiene el Espíritu Universal de impedir que todo ocurra simultáneamente, por lo que cada ser que habita este universo tiene su propia visión de él.

¿Acaso no crees que los animales y plantas tienen su propia percepción del tiempo que viven?, o ¿les vas a creer a aquellos que suponen que viven en una especie de presente intemporal? –cuestionó. *Si observas, los animales pueden aprender y experimentar y esto solo puede darse en el tiempo. No cabe duda, experimentar y aprender tiene que ver con esa percepción ("El tiempo") y las plantas, ¿acaso no nos muestran que responden a ciclos bien definidos y a los ritmos y movimientos del sol?*

¡En fin! –Concluyó– *lo importante es reconocer esa relatividad de nuestros procesos de observación y lo limitado de nuestra percepción.*

Cuando los humanos estén concientes de esto, cambiará la visión del universo, la luz, la gravedad, la energía obscura, la materia obscura, la antimateria y los agujeros negros ya no serán lo que ahora suponemos que son, entenderemos que la luz también evoluciona al alza y que el fenómeno de corrimiento al rojo del espectro, del que tanto se habla en la actualidad y que nos hace suponer que todo se aleja de todo debido a la explosión primigenia del Big Bang, no es sino un alargamiento de las ondas de luz al bajar la densidad del espacio-tiempo.

Por otro lado, las teorías actualmente en vigencia, como serían las de la relatividad y cuántica, entre otras, todavía no pueden explicar con certeza la aparente dualidad partícula-onda que tienen la luz, los electrones y en general lo que llamamos materia, por lo tanto, la pregunta sería: ¿Eres onda o eres materia?; tampoco entienden como es posible que se den los saltos cuánticos de los electrones de un átomo, ni como es posible que algunas partículas se encuentren en contacto instantáneo aunque estén alejadísimas entre sí, ya que esto no sería posible a menos que hubiera algún tipo de comunicación o energía entre ellas, las cuales no podrían, según la ciencia actual, trasladarse a mayor velocidad que la de la luz.

La ciencia menos radical ya supone la posible existencia de otras dimensiones o universos paralelos o, mejor dicho, un universo donde diversos entes viven y perciben energías que se desplazan a diversas velocidades.

Y volvió a preguntarme, con esa actitud medio burlona o tal vez condescendiente, que ya se me estaba haciendo tan normal: *¿Será por eso que sus científicos no perciben vida en la luna o en los demás planetas del sistema solar, a pesar de que las naves enviadas se hayan posado sobre sus superficies? ¿Será por eso que no percibes a quienes han muerto? ¿Será por eso que casi nadie ve a las hadas y a los gnomos de la tierra y la naturaleza, o a los silfos del aire, o a las ondinas y sirenas del agua, o a las salamandras del fuego y a la gran cantidad de seres mitológicos de los que hablan diversas culturas y en general los pueblos antiguos?*

Haciendo una pausa y con cierta sonrisa sarcástica, me dijo: *¿Será por eso que nunca me habías visto antes?*

¡En fin! –dijo- *El despertar de la humanidad la llevará a encontrar que el Universo está lleno de seres y entes visibles e invisibles y que la vida no es lo que suponemos; la vida es energía que muchas veces no entendemos y que no captamos, y que existe vida aún en los objetos que denominamos inanimados, existe vida en el átomo, en las partículas subatómicas, ya que sin duda tienen una conciencia; existe vida en la tierra y en las rocas, en los metales y en el agua, en el viento y en el fuego, en las plantas y en los animales, en los planetas y estrellas, en las galaxias, en las nebulosas y constelaciones, todo y todos como parte de ese Dios que es luz infinita y que es toda la energía que existe.*

El nivel de conciencia de esa variedad de entes puede variar y sus manifestaciones pueden ser incomprensibles, sus lenguajes serán imposibles de traducir, pero al fin y al cabo son seres vivos y concientes.

Esos niveles de conciencia son infinitos y tú, piensas que tu conciencia solo está en tu cerebro. Claro Que cada célula y cada órgano de tu cuerpo, tiene su propia conciencia, pero la tuya las incluye a todas ellas.

Por un momento piensa en la misma ecuación de Einstein y piensa que en lugar de C= velocidad de la luz, dijéramos C=conciencia. La mecánica cuántica que el hombre empieza a comprender y que todavía maneja como teoría, ya permite suponer que la conciencia juega un papel esencial en la naturaleza de la realidad física.

Algunos hombres como Platón, Kant, Lorenz y otros, ya señalaron que los humanos con todos sus sentidos y maquinas a su disposición, no tienen la posibilidad de captar la realidad circundante, solo captan sombras de esa realidad pero todo lo que existe son vibraciones, ondas a distintas frecuencias, nada es materia como la vemos, de hecho nuestras conciencias están en el vacío inmaterial e intemporal y es nuestro sistema nervioso el que traduce, con condiciones a priori (espacio, tiempo, causa y efecto), lo que denominamos "realidad".

Solo te puedo decir: ¡Que lejos estamos de entender a plenitud nuestro cosmos!

Los científicos de tu tiempo, materialistas ingenuos, creen haber llegado a entender hasta el inicio del Universo, con la famosa explosión del Big Bang, la causa final de todo; pero esto no es así, simplemente habría que preguntarse de donde salió toda la energía y la materia supuestamente primigenia; entonces debe haber un antes a ese evento, por lo tanto –preguntó, con la misma sonrisa sarcástica -¿ *que fue primero el huevo o la gallina?.*

Y continúo: Debo decirte que no he querido hablarte de los otros sentidos, como el tacto, o el oído o el olfato y el gusto, pues aunque también son intercambios de energía, tampoco nos dicen nada de la esencia de lo que nos rodea, ni de los objetos ni de los seres.

Lo que llamamos tacto no es sino otra interpretación de nuestro sistema nervioso al oponer un campo de fuerza de los átomos que conforman nuestra piel, a otro campo de fuerza de los átomos que conforman aquello que tocamos; ya que los electrones que giran en el átomo, jamás podrían entrar en contacto, a menos que generáramos una explosión atómica, por lo que, lo que calificamos como rugoso o ríspido, lo suave o lo poroso, lo aterciopelado o lo rasposo no son mas que apreciaciones subjetivas.

¿Y que decir del sonido?, al que percibimos únicamente a través de un medio como el agua o el aire y que implica el previo choque de dos fuerzas y su posterior dispersión a través de ondas de vibración. La pregunta sería: ¿entonces el Universo es silencioso? Y la respuesta sería: ¡Si!, el sonido no existe sino en forma subjetiva en mi mente.

¿Y que del gusto y del olfato que no son sino intercambios químicos que no nos dicen gran cosa de la realidad?.

¡Ah!, Pero no olvides que a pesar de que ya tengas conciencia de la inmaterialidad del Universo, debes cuidarte de los objetos que golpean, se clavan o raspan; de los sonidos que molestan y de las substancias que envenenan, pues tu organismo los resentiría. En realidad no tendría importancia morir por el descuido, la muerte no existe y no es sino otro de tantos conceptos formados en la mente del ser humano, derivado de esa limitación en sus percepciones; pero a ti si te importaría y, por supuesto, te afectaría en la existencia que estás experimentando.

Todo esto es algo así como estar dentro de una trampa de la que aparentemente no hay salida, ¿verdad?

Yo seguía con pleno interés lo que este hombre me decía; no tenía conciencia del tiempo y cuando él hablaba pareciera que me trasladaba a las estrellas y a los átomos, al aire, a la tierra y al fuego, pareciera que era un audiovisual o una película que iba y venía, pero más vivida; sentía que subía y bajaba, y solo por momentos veía su cara y aquellos ojos que me miraban con algo que yo hubiera podido definir como "amor y calidez" o tal vez "comprensión". Estaba conciente de que no me veía como un ser inferior, había notado que al hablar casi siempre se refería a nosotros y no a ustedes y eso me agradaba.

Por un momento, creí percibir una energía azulada y dorada alrededor de su cuerpo, como la aureola que le pintaban en la antigüedad a los santos y vírgenes; por segundos vi diversos colores a su alrededor, algunos muy intensos. Me fijé en su frente y observé, con cierta admiración, que parecía tener una estrella de David y algo que parecía un remolino; no era algo pintado, más bien era algo intangible y muy sutil.

Pero antes de que pudiera comentar algo sobre esa percepción, él me dijo: *Lo que ves no es sino el permanente intercambio de energías entre todo ser y el Universo, el triangulo con el vértice hacia arriba es mi contacto con el todo, con Dios; el inverso es el contacto del todo conmigo; porque de lo que hemos platicado, ya habrás supuesto que el Universo es una unidad llamada Dios y en el nada muere, nada se pierde ni nada se olvida, todo se transforma, todo evoluciona en conciencia y amor. Por lo tanto, podríamos concluir que Dios está en su totalidad en cada parte del Cosmos.*

Como una parte de El, fuimos enviados a experimentar lo que, como entidades perfectas que somos en conciencia, ya sabíamos, dándonos como herramientas el libre albedrío y el olvido de quienes somos en esencia, porque de no ser así el juego se terminaría.

¡Claro!, El amor es la energía de cohesión que mantiene esa Unidad, dentro de él está el amor filial, el amor conyugal y aún, porque no, el amor sexual, el amor a los amigos y a todos las demás conciencias que percibimos, ésta también el amor a los animales y a toda la naturaleza y a todo el planeta y a todo el Universo, ese amor es reciproco, de ti hacia todo y del todo hacia ti, ¿acaso no lo percibes?- Me cuestionó. Ya lo dijeron Jesús, Krishna, Buda y muchos más, todo ello es un mandamiento, es algo que traemos integrado como requisito o condición sin la cual ni nosotros ni nada existiría. Razón de razones, fin de fines, el alfa y el omega, el principio y el fin.

Os hizo una pausa, mirándome fijamente, seguramente para verificar el impacto que sus palabras habían tenido en mí. Me era imposible apartar los ojos de aquel hombre. Su relajada postura, su sonrisa a veces sarcástica y a veces amable y sus ojos serenos de color café parecían hablarme, era como encontrar a alguien a quien conoces de siempre.

Pensé: Es extraño como la meditación no guarda relación con las palabras y, sin embargo, en ciertos momentos la palabra y la experiencia se funden, surgiendo entonces la comprensión de lo interno, de tal manera que unos segundos antes hubiera sido imposible descubrir los hechos que se han comprendido.

LOS SUEÑOS:

El volvió a tomar el hilo de sus palabras: *pero, ¡Que caray! Empecé hablando de la realidad del pensamiento y por lo tanto de la realidad de este sueño y, por que no, de todos los sueños.*

El hombre vive en un mundo real, pero tiene la capacidad y, por ende, la tendencia a soñar y a pensar en otros mundos. Algunos sueñan mas que otros, pero todos sin excepción tenemos un alma que anhela, esperando encontrar hecho realidad, algún día, todo aquello que deseamos conciente o inconscientemente. En verdad –dijo con énfasis- *todos conformamos nuestra vida y nuestro carácter en base a esos sueños, te diría que son el centro, la esencia de cada individuo, aunque pocas veces los exteriorizamos y muchos humanos los cambien —en un pésimo negocio por cierto- por la comodidad. El hombre superior vive para sus sueños y para la virtud, el hombre inferior vive para la comodidad.*

Algunos de estos sueños son tan claros que llevan consigo una fuerza que exige su realización; pero –dijo- *pocos saben convertirlos en una realidad en sus vidas.*

Ciertamente hay dos clases de anhelos o sueños: Hay una serie de anhelos que tienen que ver con el raciocinio, con el ego y nacen de lo externo del individuo. Son deseos que alguien denominó codicias, para diferenciarlos de los sueños del alma; y haciendo una pausa las enumeró:

Primero la codicia de "tener" y repitió, *de tener belleza, dinero, propiedades, lujos, casas, joyas, animales, coches, aparatos modernísimos, botes, aviones, ropa y quién sabe cuanto mas, y eso lleva a querer poseer todo, se llega a poseer hombres y mujeres, según el sexo al que pertenezcas y acabas por poseer inclusive a tus hijos. Esta codicia es muy bien manejada por la publicidad de tu planeta y de tu siglo, está atrás de casi todos los anuncios en los medios de comunicación; recuérdalos* —dijo- *"Para la gente de bien", "para quién lo puede todo", "para la mujer bonita" y no se cuantos más. Sucede a veces que el mensaje no es tan claro, pero ahí está, sugiriéndote que si fumas un tipo de cigarrillo o tomas de una clase de licor o usas una marca de automóvil te verás como el modelo o la modelo del comercial y así puedes obtener todo lo que aquel o aquella infeliz aparentan.*

Este tipo de codicia te llena de cosas que se convierten en tiranas o en posesiones que son grilletes para el alma, bienes que tal vez debieran llamarse males, porque no solo no son indispensables, sino positivos estorbos para la elevación del hombre. Esos bienes te mantienen ocupado, primero en desearlos, segundo en trabajar o robar para obtenerlos, tercero en presumirlos y cuarto en cuidarlos para que no te los quiten o los pierdas.

Los máximos exponentes de esta categoría son los ricos, los banqueros, los empresarios, los millonarios, los ejecutivos, pero te diría que casi todos los hombres de tu época son movidos por esa codicia.

La segunda codicia es la "fama"; a veces muy ligada con la primera. De su brazo camina la vanidad. Y como si viera dentro de mi —me preguntó- *¿acaso tu o alguien que conozcas no desea la fama, esto es, que todos sepan quienes son y que los admiren y los celebren?, a no dudarlo, de ella nacen los héroes, los artistas, cantantes, actores y, por que no, los intelectuales y escritores que buscan el reconocimiento ajeno. Premisa fundamental para ser escritor es ser vanidoso.*

Mirándome a los ojos, me preguntó: *¿te gustaría escribir esto que te está sucediendo?*: y sin esperar la respuesta, tal vez por que ya la conocía, continúo: *No es casualidad que Jesús, Buda o Krishna y otros grandes como ellos, no hayan escrito nada, pues como iluminados carecían del elemento fermentador de la vanidad. Los que escribieron acerca de ellos fueron los que vivieron a su lado u otros que ni siquiera los conocieron, pero de cualquier manera, así los hicieron famosos sin que ellos lo desearan.*

Uno podría decir que de todas las codicias, ésta es la que todos aceptan de mejor forma y sin mayor reticencia, pues parece lógico que se busque la fama, dijéramos que tiene una aureola de decencia. ¿Quién podría criticar a quien desea ser un premio Nobel o como dicen los estadounidenses "el número uno" en lo que hagas?

Eso sí, tiene un defecto, ésta codicia te impide ser tu mismo y te obliga a ser esclavo del que dirán y de los convencionalismos.

Por último, la tercera codicia es la del "poder", sus exponentes mas ilustres los gobernantes, monarcas, dictadores, presidentes, primeros ministros, o como carambas quieras llamarlos, y, por supuesto, toda la cascada de sus perpetuos acompañantes. Esta codicia convierte al hombre en inhumano, autoritario, arrogante y corrupto. Nace del deseo de dominio y de preponderancia, tal parece que el ser humano se siente mucho mas seguro si posee fuerza, mando y poderío, lo que usa para sojuzgar, esclavizar y hasta matar.

Ningún poder es suficiente, el Capitán quiere ser Mayor y éste Coronel y ¡claro! El Coronel quiere ser General y, éste último, desea ser de los que tienen la Vía Láctea en la gorra. Probablemente, al llegar al tope, entonces quiera mandar a los que son militares y a los que no lo son y, cuando lo logra, querrá mandar y tener poder sobre los que dependen de otros como él; entonces empiezan las guerras y las conquistas.

Alguno querrá ser el gobernante del mundo entero y, si nos descuidamos, del Universo. El poder por el poder. Pero recuerda que el hombre verdaderamente grande es el que no quiere ser amo de nadie ni que nadie sea su amo.

Estas codicias son universales en el hombre de fines de tu tiempo y, desgraciadamente, sirven para comparar el progreso de hombres y pueblos, exigiéndonos un avance permanente hacia lo mejor, lo mayor, lo superior. Sus verdaderos generadores son una serie de agregados psicológicos que no forman parte de la esencia del hombre, pero que se adueñan de su casa y que todos conocemos como: egoísmo, ira, lujuria, gula, vanidad, envidia y, sobre todo, auto-importancia. Esta última nos obliga a permanecer toda la vida con una o varias mascaras que impidan que nos vean como realmente somos y que significan un peso y un gasto de energía tremendos.

Permíteme decir que esas codicias son la vara con la que todos se miden, y se confunden con la otra clase de anhelos que provienen de lo interno, del espíritu y de nuestra esencia y que permanentemente quedan aprisionados y acallados por las codicias, como un pesado fardo que no nos permite salir del hoyo en el que estamos.

Las primeras generan descontento en todos los individuos, las obtengas o no, por eso las llamo sueños confusos, descontento que se configura con más fuerza en todas las naciones del mundo actual dentro de las ideas de "progreso, industrialización, democratización y capitalización". Este descontento es madre, también, de los sueños de escape, esto es, cuando deseas no estar en el lugar en el que efectivamente te encuentras y cuando deseas no ser quien eres, cuando deseas huir de tu mundo presente aunque no sepas adonde ir.

Los sueños aprisionados de la niñez y la juventud, los verdaderos valores e ideales, como buscar el bien común, el amor, la paz, la armonía, etc., son siempre impulsores que te mantienen de pie y feliz, son la energía que mueve nuestro motor interno. Alguien dijo que el paraíso es aquel lugar donde nuestros sueños se hacen realidad.

¡Esta bien! –Exclamé– el mundo está al revés, eso todos lo sabemos y lo vemos en la televisión o en lo que se publica en los diarios o en lo que se escucha en la radio; pero ¿acaso quieres decirme que todo eso que no nos gusta proviene de los deseos y sueños de cada individuo. Eso implicaría que todos tenemos parte de la culpa de que haya guerras, hambre, pobreza, pérdida de valores, drogas, odio, venganza y todo lo demás.

Pues sí —se apresuró a contestar- *cada hombre se ha dejado controlar por lo material y actúa egoístamente, buscando únicamente acrecentar lo material, viviendo en forma inconsciente, lleno de orgullo, sin preocuparse, como si permanentemente viviera en los jardines de una terraza en primavera, ignorando que esta causando su propio fin y el de los demás, pues el odio y las carencias que provienen de su forma de ser siempre se le revierten. A no dudar, dentro de cada uno están las ideologías, el nacionalismo, las razas, las religiones, los fundamentalismos, las tradiciones, las clases sociales y el acaparamiento egoísta, todo lo cual, en forma parcial o en conjunto nos dividen y nos alejan.*

Sí, la causa es la agresividad de sus anhelos y el temor a perder lo obtenido. Cierra tus ojos —me ordenó- *y escucha con el corazón lo que escribió el poeta de Líbano:*

Yo cerré nuevamente los ojos, no los físicos, los cuales ya estaban cerrados, sino ahora los internos, y por un momento se hizo un total y profundo silencio, cuando de momento escuche:

"Meditaba sobre los enigmas humanos y trataba de descifrar los símbolos de la vida. Vi y ojalá no hubiera visto, a los ángeles de la felicidad combatir a los demonios del infortunio y, entre ambos, al hombre, inclinarse unas veces, perplejo, hacia la esperanza y otras, hacia la desesperación. Vi al amor y al odio jugar con el corazón humano; al uno encubrir sus faltas y embriagarlos con el licor del deseo, y desatar su lengua para el encomio y la adulación; al otro, impulsarlo a las querellas, apartarlo de la verdad y tapar sus oídos al buen decir. Vi a la ciudad sentada cual prostituta, siempre al acecho de los hijos de Adán. Después vi campos hermosos en la lejanía, añorando al hombre.

Vi a los adivinos engañar como los zorros, a los falsos
Cristos desviar los anhelos del alma, y al hombre, pedir
a gritos auxilio a la Sabiduría, mientras ésta uía ofendida
por no escucharla cuando lo llamó en público. Vi a los
sacerdotes alzar sus ojos al cielo, mientras enterraban su
corazón en los sepulcros de la codicia. Vi a los jóvenes
jurarse afecto y acercarse con promesas llenas de arrebato,
mientras vivían alejados de Dios y del prójimo. Vi a
los juristas comerciar con sus discursos en las calles del
engaño y la hipocresía, y a los médicos jugar con el alma
de los simples y crédulos. Vi al ignorante conversar con
el sabio, exaltar su pasado hasta el trono de la gloria,
cifrar su presente en los caprichos de la fortuna, y para su
futuro, aderezar el fugaz lecho del éxito. Vi a los pobres
indefensos sembrar y a los poderosos, cosechar y comer,
mientras la injusticia, que la gente tiene por Ley, hallábase
activa. Vi a los secuaces de la ignorancia robar tesoros del
espíritu y a los guardianes de la luz sumidos en el sopor
de la indiferencia. Vi a la mujer como arpa en manos del
hombre que no sabe pulsar sus cuerdas y sólo produce
disonancias. Vi a la libertad vagar sola por las calles y
pedir alojamiento que todos le negaban. Después vi a la
tiranía con una poderosa comitiva que la gente llamaba
libertad. Vi a la religión sepulta en los libros y a la idolatría
sustituirla, vi al hombre vestir la entereza con el ropaje de
la cobardía, dar a la voluntad el apodo de la abulia y llamar
a la valentía con el nombre del temor. Vi al impostor
sentarse en la mesa de la cultura y al sabio permanecer
callado. Vi al derrochador, en cuyas manos el dinero es
red de maldades, al avaro, el cuyas manos es causa de
desprecio. En las manos del sabio no vi dinero.

Después de haber visto todas estas cosas exclamé,
dolorido de esta pavorosa visión: ¿Es éste el mundo,
OH hija de los dioses? ¿Es este el hombre? Y con calma
hiriente, respondió: Este es el camino del alma, lleno de

abrojos. Esta es la sombra del hombre. Esta es la noche y
sobrevendrá la aurora. Después, puso su mano sobre mis
ojos y al quitarla, me encontré con mi juventud".

Eso es –repliqué- acabo de entender cual es uno de mi mas caros
sueños, desde mi infancia he deseado saber como saldrá la humanidad
del embrollo en el que se encuentra, saber como seremos dentro
de cien o doscientos o incluso mil años y obviamente, me gustaría
ayudar a cambiar el mundo, a buscar la paz y la armonía entre todos
los seres, ese sería mi motor. Y continué: ¡Tienes razón!, basta analizar
los medios de comunicación de un día cualquiera para sentir que
las cosas no van bien en éste planeta tierra. Sin importar la fecha o
el lugar en el que pongamos nuestra atención, podemos constatar
que el hombre sigue siendo el lobo de su hermano y el más acérrimo
destructor de su medio ambiente. Siempre me ha generado malestar
que hacia donde voltee se advierte falta de unidad, incomprensión,
fanatismo, intolerancia, violencia, corrupción, egoísmo, odio, temor
y angustia en las relaciones humanas; destrucción, contaminación
y tanto más.

He escuchado que la humanidad ha progresado en la ciencia y en la
tecnología, hasta llegar a alturas increíbles, pero estoy convencido
de que en lo interno sigue siendo el mismo salvaje de hace miles
de años.

Un poco emocionado por lo que decía –agregué- en ocasiones
cansado de tanta enajenación, he decidido dejar de leer los diarios y
revistas, así como dejar de escuchar y ver los noticieros radiofónicos
y televisivos; sin embargo, como en las telenovelas y programas
seriados, muy en boga en ésta época, cuando por accidente vuelvo a
tener contacto con ese monstruo sagrado denominado "las noticias",
tal parece que no me he perdido capítulo alguno y todo sigue igual,
las mismas agresiones y guerras, los mismos dirigentes, a pesar de que
cambien sus nombres y, por supuesto, las mismas preocupaciones.
Pero todo resulta tan contradictorio, pues la forma de terminar con
todo ello parece que nos lleva a la revolución y a la misma violencia
que desearía terminar.

Aquel hombre frunció el seño y me dijo: "*No conserves la ira dentro de ti, suéltala y perdona a los demás y aún a ti mismo*". *El error no está en lo que sientes, sino en la negatividad sobre la negatividad, por lo tanto mejor cambia tu actitud. Sobre todo debes saber que todo lo que ocurre en tu vida y en la vida de todo hombre es creado por cada uno de nosotros para aprender sobre sí mismos. Por ello debes percibir la enseñanza en todo lo que sucede y ama tu lección pues el que no la ama suele perder el camino y de cualquier forma será enseñado por medio del sufrimiento.*

Yo te diría —me dijo- *que la vida es como el teatro, hay dos posibilidades, o te pones la mascara de la comedia o la de la tragedia, pero siempre tú decides, los acontecimientos, al fin y al cabo, son los mismos. Es mas, puedes quitarte una careta y ponerte la otra, la energía que ordena ser optimista o pesimista está en ti. Con esa idea, cambia tu enfoque, pues lo peor que nos sucede esta conformado para el bien de cada individuo; no es cierto que Dios lo mande o que ese ser supremo sea tan injusto que lo haga con total indiferencia hacia nosotros, ¡no! Tu mismo lo programaste por que lo necesitas.*

En cuanto a la paz y la justicia mundial, se lograrían con la suma de todas las voluntades y ello implica el cultivo y el cambio de nuestras vidas personales.

En China a los niños se les enseña un pasaje de Confucio que dice así y que creo que es muy ilustrativo para lo que estamos platicando:

Dentro de mí, escuche en un idioma que a todas luces era chino y que por supuesto no entiendo, pero entendí:

"El pueblo antiguo que deseaba tener la paz y una clara armonía moral en el mundo, ordenaba primero su vida nacional, los hombres de ese pueblo que deseaban ordenar su vida nacional, regulaban primero su vida familiar, los que deseaban regular su vida familiar cultivaban primero sus vidas personales; los que deseaban cultivar sus vidas personales enderezaban primero sus corazones; quienes deseaban enderezar sus corazones hacían primero sinceras sus voluntades; los que deseaban hacer sinceras sus voluntades llegaban primero a la comprensión y esta proviene de la exploración del conocimiento de las cosas y de uno mismo. Cuando se gana el conocimiento de las cosas, se logra la comprensión; cuando se gana la comprensión la voluntad es sincera, cuando la voluntad es sincera el corazón se endereza: cuando el corazón se endereza se cultiva la vida personal, cuando la vida personal se cultiva se regula la vida familiar, cuando ésta se regula, la vida nacional es ordenada y cuando ello se logra, el mundo esta en paz. Desde el Emperador hasta el hombre común, el cultivo de la vida personal es el cimiento para todo. Es imposible que cuando los cimientos son débiles o desordenados se halle en orden la estructura. Jamás ha habido un árbol de tronco delgado cuyas ramas superiores sean pesadas y fuertes.

Hay una causa y una secuencia de las cosas, y un comienzo y un fin en los asuntos humanos. Conocer el orden de precedencia es tener el comienzo de la sabiduría".

De acuerdo –repliqué- pero ganar el conocimiento de las cosas implica conocerse a uno mismo, profundizar en lo interno, ¿Cuántos hombres lo han logrado? Unos cuantos en toda la historia de la humanidad, creo que los dedos de mi mano serían suficientes para contarlos, por lo que ¿cuando lograremos alcanzar ese estado de conciencia necesario para un cambio verdadero?.

Observándome detenidamente como queriendo saber de donde surgía aquel pesimismo, me dijo:

La historia de tu planeta, al menos la que tú conoces, es corta, podríamos decir que esta comenzando pero la historia del hombre y de la humanidad es tan vieja como el Universo y en ese tiempo muchos seres y culturas lo han logrado, y seguramente otras lo lograran. Además, déjame decirte que la historia del hombre es la historia del ser, del ser que existe en mi planeta y en otros muchos que existen en galaxias y constelaciones, por lo que ese cambio interno es la lucha de todos, lo que nos lleva al cambio de nuestras sociedades.

¿De cuando aquí este abatimiento? – me preguntó-, *el hombre sabio no tiene prisa pues sabe que el tiempo es relativo. Te aseguro, porque lo sé, que algún día lo lograran los terrícolas, por decirles de alguna forma. A no dudarlo, el hombre esta emergiendo a través de las épocas para convertirse en un ser mejor.*

LA VISIÓN DE LO QUE VENDRÁ:

Está bien, me reconforta un poco oir eso –señalé- pero no podrías darme un adelanto de cómo seremos, de cómo se dará el cambio y, sobre todo, me intriga saber que tendremos que hacer para lograrlo; por que como están las cosas no veo muchas salidas. Y te lo pregunto, porque de lo que me has dicho, percibo que tienes una visión clara del pasado y del futuro, pero si no puedes conocer el futuro, pues me conformo con saber como lo han logrado en otras civilizaciones.

¿Conocer el futuro? –subrayó- *puede ser, la mayor parte de las personas quieren conocerlo para cambiar las cosas "malas" que se les presentaran, pero si pudieran cambiarlas, pues ya no sería su futuro y entonces el futuro que habrían visualizado primeramente ya no sería valido, por lo que no pienses en ese futuro como algo que se puede o no cambiar, tu libre albedrío podrá escoger el camino que desees y así, en conjunto, toda la humanidad podrá tener el futuro que decida. Y esto no es para bien ni para mal, pues ningún ser se pierde, todos vamos en el mismo camino, hagamos lo que hagamos, decidamos lo que decidamos, todos llegaremos.*

Bien, bien —me salió del corazón- pero quiero soñar, como en la letra de aquella canción que escuché hace un tiempo en una película francesa que se llamaba......, ¿como se llamaba?..... —me pregunté-, ¡ya!, "A nous Deus", me gustó tanto que la anoté en mi libreta de apuntes y decía así: "Nosotros deberíamos soñar esas realidades que nos gustaría vivir, decir todo eso que quisiéramos decir, ver todo lo que nos es prohibido e inventar de nuevo un paraíso.... Nosotros deberíamos luchar por volver a encontrar la serenidad para que nuestros secretos guarden el encanto del agua y el fuego, juguemos ese juego entre los dos" -¿si?

Me mostró su blanca dentadura al sonreír y movió la cabeza suavemente hacia los lados, como queriendo expresar que conmigo no se podía. *Bueno —me dijo- si la mente se fija en la adquisición de cualquier objetivo, ese objetivo se logrará; además, si estas buscando encontrarás y si golpeas la puerta, ésta se abrirá para ti, vayamos, pues, al celestial sanctus., donde se encuentran los registros Akashicos.*

¿Adónde? Pregunté sin entender.

No preguntes, el nombre es lo de menos, ¡acompáñame! -Ordenó.

Empezamos a caminar colina abajo, dándome cuenta de que había una especie de escalones formados por las raíces del árbol bajo el cual habíamos conversado. Volví a sentir el sol sobre mi piel y el viento nuevamente revoloteó mis cabellos. Yo iba unos centímetros atrás de aquel hombre, de tal forma que podía ver su espalda y la parte posterior de su cabeza, la cual, aún me daba la impresión de estar rapada.

A lo lejos, el cielo se veía de color azul profundo y en el fondo del valle parecía haber algo así como neblina.

Que extraño —pensé- niebla a esta hora del día, pero recapacité, ¿Qué hora del día será?, voltee a ver el sol para ver si podría calcularla, pero en ese momento me sorprendí, no había notado que había dos discos en el firmamento, uno luminoso y el otro oscuro, como cuando en la tierra se observan el sol y la luna al amanecer.

Oye Os –le dije- ¿Dónde estamos?: *En tu mente* –señaló firmemente- *y son las 12:00 de la noche.*

Pues sí, yo había perdido la visión de mi casa y de mi meditación. Bueno, ¿y esa luz? –Interrogué-, algo temeroso de parecer tonto.

Esa luz, el la luz universal, todos los hombres la tienen dentro de si mismos y pocos la observan, pues sus ojos se lo impiden –me dijo.

Entonces bajé la vista y pude darme cuenta que la neblina venía rápidamente hacia nosotros a la vez que nosotros caminábamos hacia ella.

Me dio un poco de miedo y le dije a Os, no te adelantes no quiero perderme. Se sonrió y me dijo: *pues toma mi mano.* Lo hice y pude sentir una mano cálida y suave.

En ese preciso instante la nube llegó a donde estábamos y atrás de ella pude observar algo así como una construcción, tal vez una iglesia o una torre altísima.

Por unos segundos me quedé boquiabierto, parecía en efecto un templo, pero sin señales o símbolos exteriores, no había cruces ni campanas como en algunas iglesias que conozco. Desde donde estaba podía ver grandes ventanales de vidrios de colores y una puerta de dos hojas de tamaño gigante. Adelante de las puertas se observaba una escalinata de piedra que conducía al portón.

Comencé a subir escalón por escalón tomado de la mano de Os, al mirar hacia abajo me dio la impresión de un mármol claro y transparente como cristal.

La neblina parecía rodear aquella construcción y la luz pasaba a través de ella, de tal forma que los rayos se extendían y podían observarse.

Finalmente llegamos arriba y nos detuvimos ante aquellas puertas inmensas, tal vez de diez o doce metros. Escudriñé todo aquello que parecía tan fantasmal, toqué el pasador que parecía ser la cabeza de algún animal, tal vez un león, pero no estaba seguro; observé la madera y extendí mi mano sobre ella, su superficie era suave y olía como a caoba.

Empujé uno de los lados y se abrió fácilmente, como si fuera muy ligera, lo cual era incongruente, dado su tamaño.

El interior de aquel edificio se veía bien iluminado y el piso me seguía pareciendo transparente. Voltee hacia arriba y contemplé una cúpula de proporciones gigantescas y ventanales a sus lados; por momentos pensé en la catedral de Florencia; sí, daba la impresión de ser un templo o, tal vez una biblioteca.

O tal vez las dos cosas – dijo Os.

Se percibía un aroma a flores y a incienso, pero no penetrante ni molesto, sino suave. La temperatura adentro era ideal y podía ver la luz dispersándose por toda aquella inmensidad, separándose en infinidad de colores, como si pasara a través de un prisma. No podía observar muebles ni imágenes dentro de aquel lugar, aunque me dio la impresión de que al fondo había cojines, tal vez para sentarse.

Cruzamos las tres naves que la conformaban y en un lugar que podría ser el altar, pude ver una paloma blanca que parecía irradiar luz o estar iluminada. No se movía, pero con seguridad estaba viva, porque podía ver sus ojos y sus plumas inmaculadas moverse.

Entonces sentí un jalón en la mano, *ven* me dijo Os, *hemos venido a otra cosa.*

Cruzamos el altar y entramos a otra habitación por un arco de piedra blanca; había por todos lados libros pequeños, medianos y grandes, así como mesas y sillas, eso si era una biblioteca. Había sofás con grandes cojines y algo que me parecieron camas, pero no había gente.

Os me soltó de la mano y me tomó del brazo, sentí un ligero apretón y nuevamente entendí que debía seguirlo.

Llegamos a un estante y aquel hombre me pidió que tocara un libro en particular. Lo hice y el libro se iluminó y pude observar que tenía letras realzadas, pero no entendí las letras, parecían escritas en un idioma desconocido. Su pasta era roja y tenía filos dorados y daba la impresión de ser muy pesado.

¿Qué es éste lugar? Pregunté.

Este es el lugar donde están los registros tuyos y de todo el Universo. Lo que desees saber, aquí está escrito, pasado, presente y futuro, lo que pudo ser y no fue, tus vidas anteriores y por venir. Aunque te diré, no a todo puedes tener acceso, tal vez conforme evoluciones podrás ver y entender todo.

Sacó aquel libro y lo llevó sobre una mesa como de material plástico, era tan suave, como recién pintada o barnizada.

Nos sentamos sobre unas sillas comodísimas y con respaldos acojinados, probablemente de piel, con descansabrazos mullidos de color blanco, su textura era suave también; no parecía haber nada rugoso ni grosero; en aquel lugar, hasta las columnas y muros no tenían salientes donde pudiera uno golpearse o lastimarse.

¡Bien! Aquí estamos al fin, me dijo Os, *¿por donde deseas empezar?*

Yo me quedé pensativo y de inmediato le dije: quiero saber que es lo principal que debemos cambiar en mi mundo a fin de llegar a ese paraíso o a una edad de oro,..... ¡que se yo como llamarlo!.

Os abrió el libro, entonces unió sus manos sobre su pecho haciendo una reverencia y me miró fijamente. *Muy bien, ¡pues ahí vamos!* –exclamó.

CAPÍTULO II

EL SEGUNDO DIOS.

Libertar al hombre de la profunda oscuridad
sin cortar las raíces que le aferran a la tierra;
infundirle sed por la vida
y hacer de la muerte su fiel copero,
dotarlo de un amor tal, que se eleve con la pena,
se exalte con el deseo, aumente con el anhelo,
y se consuma al primer abrazo;
cercar sus noches con sueños de mejores días,
poblar éstos con visiones de noches bendecidas,
hasta confinar días y noches
a una inmutable semejanza;
despertar en su fantasía el vuelo audaz del águila
en su pensamiento la tempestad de los mares
y poner en sus acciones aplomo y templanza;
darle alegría para cantar ante nosotros
y tristeza para implorarnos,
sin que en su humildad descuide la tierra
cuando ésta clame hambrienta;
elevar su alma a lo más alto del cielo
para que conozca a tiempo nuestro mañana,

y mantener su cuerpo arrastrándose en el cieno
para que no olvide su ayer
así podremos regir al hombre
hasta el fin de los tiempos
desde el primer respiro
que comienza con el grito de la madre
y termina con el lamento de sus hijos.

Gibrán Jalil Gibrán.

Por un momento creí escuchar música, era algo conocido, ¡claro!
Era la canción de John Lennon, "Imagina":

Oí claramente:

Imagina que no hay cielo
Es fácil si tratas,
que no hay infierno bajo nosotros,
arriba solamente firmamento,
imagina que no hay países
no es difícil hacerlo.
Nada por que matar o morir
Y que no hay religión tampoco
imagina a toda la gente viviendo la vida en paz
imagina que no haya posesiones
me pregunta si podrás
no necesidad de avaricia o hambre
una hermandad del hombre,
imagina a toda la gente compartiendo el mundo
tu podrás decir que son un soñador
pero no soy el único
espero que algún día te unas a nosotros
y el mundo será como una unidad.

Yo no hablo muy bien el idioma inglés, pero entendí cada frase.

CRISIS DE CONCIENCIA:

Dijo Os: *Sin duda los próximos años viviremos una crisis de conciencia, pues los humanos al fin empezarán a comprender el engaño que han sufrido por la manipulación de las organizaciones y las instituciones, al fin estamos en el amanecer de una nueva era donde el hombre pueda ver su agresividad y su codicia, derivadas de las ideas de separatividad y competencia. Por lo tanto ello nos llevará a una revolución, no violenta sino callada y pacífica.*

Esta revolución estará basada en el cambio interno de cada ser con una total tolerancia hacia las maneras de pensar y de ser de los otros, esta revolución, por llamarle de alguna forma, no tomará ninguna ideología como bandera y será relativista, lo cual consiste en que no hay verdades universales, sino que cada individuo o grupo tiene la suya propia. Los sistemas, las culturas, las normas, las opiniones e inclusive las ideologías son relativos.

Esta actitud y manera de ver todo, generará la sociedad del siglo de oro de la humanidad o los siglos de oro ¡quizás!, a los que tú hacías referencia.

Pasar de una sociedad básicamente aristotélica, dogmática, monista y autoritaria, a una verdadera civilización abierta, relativista, pluralista y sobre todo liberalista, ese es el reto.

Estáis en una encrucijada, la humanidad vive la crisis histórica donde todo hombre y mujer se preguntan:

¿Qué hacer con mi vida?, ¿hacia donde ir?, ¿Quién podrá guiarme?, ¿Cuáles serán mis valores e ideales?

Los criterios de riqueza, poder, amor y felicidad validos en el pasado, pueden no ser válidos, el ejemplo de los ancestros ya no sirve y por lo tanto el futuro es incierto. Solo queda orientar la búsqueda hacia ti mismo, hacia nosotros mismos, pues lo padres, sacerdotes, profesores, psiquiatras y psicólogos ya no nos sirven como guías, perdieron credibilidad y basan sus consejos en las experiencias pasadas, con gran temor de perder su seguridad y su autoridad, pues tienen pavor, no de lo que vendrá sino de lo que se va.. Todos ellos quieren seguir manejando a los seres humanos en base a las viejas verdades y tratan de educar con las mismas premisas, fabricando seres alienados a los que obligan a permanecer "con los pies en la tierra" y a ver las cosas "como son".

Todavía algunos piden y hasta exigen salir adelante socialmente, tener valor, merecer la vida y por supuesto ser primeros en todo lo que hagan, rebasando a los demás, compitiendo e imponiendo sus ideas, piden lograr grandes cosas, tener poder, fama y dinero, lo cual, elimina toda expresión verdadera de uno mismo. No quieren proporcionar a los seres bienestar, sino desean evitarles el infortunio, lo que es muy diferente.

Pero, que hay sobre conocer el sentido de la vida, conocer y hacer realidad los sueños, lograr una imaginación creadora, que hay de la poesía y la inteligencia o sobre la posibilidad de percibir a Dios y al espíritu y procurar la nobleza del alma, que hay sobre nuestra madre y maestra "la naturaleza".

Para regresar a esos valores deberán caer las mascaras y los engreimientos, olvidar el miedo a la ineficiencia, olvidar la carrera del rendimiento y sobre todo, dejar de lado el criterio personal tan arraigado que genera comportamientos paranoicos y separatistas.

Tienes razón –comenté- acaso no seguimos siendo tratados como párvulos, obligándonos a ser como la gente a nuestro alrededor quiere que seamos.

Pero No hay duda, el sistema de creencias colapsará tarde que temprano. Piensa que cualquier creencia es peligrosa pues hace que el ser humano no piense.

LAS IDEOLOGÍAS:

Moviendo la cabeza en forma afirmativa, continuó: *y que decir de las Instituciones, los gobiernos, las religiones y filosofías que hipnotizan de alguna forma y tratan de imponer un código de conducta del cual nadie se puede salir, te definen toda tu vida diciéndote: tu eres católico o tu eres protestante o judío o eres comunista o capitalista o escatólogo o creyente en la dianética y así hasta el infinito. Todos ellos solo generan en los hombres respuestas automáticas que los hacen quedarse solos. Te ajustan a ideologías, te tuercen la mente, pues te obligan a estarte comparando permanentemente entre lo que eres, quieres ser y debes ser. Se obliga a los humanos a mirar la vida a través de ideologías, lo cual es ilógico y aberrante; nada más imagina que tienes hambre y en lugar de darte de comer o beber alguien te da una teoría sobre el hambre.*

Todos nacemos sin ideas, esto es: libres, pero si te encierran en un sistema de creencias es como encerrar un ave en una jaula.

¡Ay! ¿Cuánto dolor generan aquellos que quieren imponer sus creencias a otros? Observa a tu alrededor, verás padres que hacen infelices a sus hijos obligándolos a pensar como ellos; esposos y esposas que le hacen la vida de cuadritos a su cónyuge por que todo debe ser de acuerdo a como ellos piensan; instituciones y gobiernos que presionan y manipulan, llegando en ocasiones a encarcelar, acusar, juzgar y condenar a sus integrantes por que osan diferir.

Esto solo genera pérdida de energía, temor y lástima de uno mismo y de otros, y lleva a los hombres a tratar de escapar a través de las drogas, el alcohol, las discotecas o antros, el consumismo, etc., te vuelven sumiso a fuerzas o esquizofrénico.

Cualquier ideología busca sumisión a un punto de vista particular sobre el orden económico, social, religioso y toda acción conexa.

Los humanos suponen, tal vez porque así se los han hecho creer las instituciones establecidas, que todos requerimos de esas ideologías para lograr nuestros objetivos. Debes ser- les dicen- demócrata o comunista en otra parte del mundo, debes ser cristiano o budista o mahometano, también en otros lugares, debes ser de las ideas del partido político X o del Y o del Z, pues eso da seguridad; debes ser y pensar como los de nuestra familia, debes ser y pensar como los de nuestra raza o como los de nuestra nación, ¡uf!

Sin embargo, si buscáramos un común denominador en todas estas ideologías, encontraríamos que, sin excepción, buscan el bienestar general de la sociedad o del grupo, aunque en realidad, tarde que temprano caigan en buscar el bienestar de algunos grupos pequeños o individuos de esa sociedad en perjuicio de la mayoría.

De hecho, cualquier filosofía o ideología debiera tener su razón de ser en el individuo. Podría decirse que comienza por él y para él y termina con él; porque el individuo es el hecho final, el fin y no el medio para cumplir con todas las aspiraciones de la mente humana.

Casi todas las ideologías sociales reclaman que los seres humanos que viven bajo ese régimen puedan tener felices vidas individuales y satisfactorias en conjunto. Si encontráramos alguna que niegue la felicidad de todos y cada uno de sus integrantes como objetivo y meta final, seguramente sería el producto de una mente desequilibrada.

De hecho, la mayor parte de las ideologías en vigor durante los últimos siglos —me dijo- empezaron por tener como fin el individuo y su bienestar, bástenos leer las Declaraciones de Independencia de la mayor parte de las naciones o la Declaración de los Derechos del Hombre y del Ciudadano, así como las Constituciones Francesa y Estadounidense, las cuales han influenciado a la mayoría de las de otros países, al menos en occidente.

Los valores de libertad, igualdad, fraternidad y justicia, búsqueda de la felicidad, derecho a la vida y a la propiedad fueron pensados para todos los individuos como verdades evidentes. Y que decir del Cristianismo, que se inicia como un intento de igualar a los hombres a los ojos de Dios, pero con el fin de hacer mejor a cada individuo, con el objeto de lograr una verdadera felicidad a través del amor a Cristo y a los demás.

Aun el Comunismo, con su pretendida igualdad de todos los hombres, tenía como objetivo que todos compartieran los bienes y convivieran en una sociedad justa, donde todos gozaran de un trabajo remunerativo y donde no hubiera la explotación del hombre por el hombre.

Y así podríamos seguir analizando todas las filosofías e ideologías existentes, lo cual no es mi propósito – recalcó- pues a lo que quiero llegar es a que aunque todas ellas han comenzado por tener como objetivo final al individuo, tarde que temprano se convierten en auto propósito y, entonces, el ser humano deja de ser el fin para que la propia Institución se convierta en el objeto y razón de ser de sus integrantes y, de esa manera, pierden el enfoque primordial y te encuentras con personas para las que es mas importante ser: demócrata, comunista, cristiano, etc., que cualquier otra cosa. Además de que por lo general no se dan cuenta que las enseñanzas básicas de esa ideología o doctrina solo son un segmento de la realidad, a pesar de que sus seguidores las hayan llevado a verdad salvadora única y así malgastan su energía en burocracia, división y rivalidades con los que piensan y actúan diferente.

Pregúntate ¿Cuantos hombres han dado su vida y la seguirán dando por su Iglesia o por su religión o por defender a la democracia o al socialismo o a su país?, no te parece incongruente que esas Instituciones, como quiera que se llamen, cuyos principios se basaban en el bienestar del hombre, después le exigen a cada individuo ir a luchar y ofrendar su vida a pesar de que ello vaya contra su bienestar y el de su familia, porque lo importante en el fondo es que continúe el sistema que se creó a través de esa ideología.

¿Paradójico verdad? Pero los dirigentes de esas Instituciones les hacen pensar que su vida y sufrimiento son un pequeño sacrificio que vale la pena en comparación con la buena vida que tendrán los que se quedan en casa en ese momento, así como las nuevas generaciones que vendrán. Y –mirándome a los ojos, preguntó- ¿acaso tu no te sacrificarías por tus hijos, por tu esposa, por tus padres, por tus amigos y por tus propiedades o por tu tierra?

Aunque en verdad te digo que lo que hay detrás de todo esto es el deseo de los líderes y dirigentes de no perder su poder y el status que han alcanzado ellos y sus camarillas, esto incluye dinero, bienes, prestigio, santidad y todo lo que quieras agregar. Observa las luchas que ha habido y que aun subsisten en tu mundo: por ejemplo Irlanda donde dos facciones cristianas luchan a muerte en contra de todos los principios y derechos del individuo y, por supuesto, de Jesús. O tal vez, podrías pensar en tantas guerras que se han dado en Centroamérica o en Sudamérica, Cuba de manera muy especial, en Asia, Corea, Vietnam, Tailandia, China, etc., en Europa, en Polonia, Checoslovaquia y otros, donde unos quieren ser comunistas o socialistas y otros capitalistas o demócratas, lo cual ha dejado infinidad de muertos que ya no serán ni lo uno ni lo otro. Y que decir de las interminables confrontaciones entre Árabes e Israelitas o entre los mismos países que podríamos calificar de mahometanos; piensa en los miles de muertos en la India o en Sudáfrica, en China o en Rusia por buscar la libertad y recuerda todas las revoluciones que se han dado, siempre como luchas entre hermanos por ideas que consideran que son las únicas válidas y que seguramente los llevarán a regímenes donde todo será mejor; aunque en la práctica y a la larga o a la corta, todo resulte igual o peor a lo que había antes.

Cualquiera que vea desapasionadamente la historia de la humanidad entenderá que todos los muertos y el sufrimiento que han generado todas las luchas han sido inútiles y en vano, mejor hubiera sido vivir en paz y armonía, buscando de verdad el bienestar de cada ser. Ninguna muerte, ¡ninguna!, valió la pena, aunque la propaganda de los vencedores diga lo contrario. Ningún sufrimiento le trajo algo positivo a la humanidad, aunque la mayoría diga otra cosa.

Yo seguía con interés lo que Os me decía y podía observar en mi mente el sufrimiento de los seres humanos por siglos, el odio, el hambre, la venganza, el dolor, la muerte, la soledad, la orfandad y la viudez, la imposición, la prepotencia, la sumisión obligada, la manipulación de los hombres, la destrucción, lo que fue y desapareció, lo que pudo ser y no fue, el temor, la intranquilidad, el terror, la impotencia, el abatimiento y la injusticia; todo ello en aras de ideologías y de las organizaciones que ostentan el poder.

Mientras aquel hombre hablaba, yo recorría el mundo y la historia con todos mis sentidos, percibía el sufrimiento de los humanos, podía oler la sangre y la pólvora, oir las trompetas y los discursos, sentir dentro de mí el miedo y la ira, el odio, las carencias y el sinsentido.

Me atreví a preguntar- ¿y de veras esto ha sido inútil?:

Os me contestó vehementemente: *¡por supuesto!, si no hubiera habido todo ese sufrimiento, todas esas luchas la civilización estaría mucho más avanzada en todos los órdenes de lo que está en la actualidad, probablemente no en tecnología, pero sí en lo que verdaderamente vale la pena. Tus sabes cuantos grandes inventos, cuantas grandes ideas, cuantos grandes hombres en gestación se perdieron en esas guerras.*

Tal vez en lo individual los hombres han aprendido a través del sufrimiento; las guerras, los siniestros, las enfermedades, la vejez, el dolor, el hambre, les han enseñado mucho, les han hecho mas concientes de que son solo amenazas externas a la felicidad, pero a través de ese marco se libraron y aún se libran, vida tras vida, las verdaderas batallas contra lo que llevamos dentro: el egoísmo, la hipocresía, la ira, la auto importancia, la codicia, la frivolidad y la estupidez.

En cada vida que cada uno de los humanos ha experimentado se intercalan momentos de gran alegría, esperanza y felicidad con momentos de dolor y desesperación y, entre esos momentos, el ser encuentra conciencia de que su sufrimiento tuvo una razón de ser. El ser humano los califica como premios y castigos que muchas veces nos confunden y nos hacen preguntar: ¿Por qué yo? Dios, hasta que llegamos a un nivel de conciencia que cada uno entiende que todo lo que le ha sucedido no ha sido la simple recompensa o castigo que un ser supremo paternalista nos impone, sino sencillamente la consecuencia de obrar en el ejercicio de nuestra libre voluntad.

Y esa conciencia nos lleva, en la escala de la evolución espiritual, a encontrar las causas del sufrimiento en una rueda interminable de existencias, cuyo recuerdo se pierde en la distancia del tiempo, pero que nos han dejado el nivel de ser que tenemos en este preciso instante.

Yo creo que todavía el hombre deberá sufrir un poco mas para llegar a los comienzos de ese siglo de oro del que hablábamos, pero ten presente siempre que hay dos caminos para aprender: el conciente, a través de nuestra auto observación y amando la lección que escogimos antes de venir y el del mentado sufrimiento que implica inconciencia.

Lo que estamos haciendo en este momento —me dijo, señalando aquella hermosa construcción en la que estábamos y aquel libro que teníamos en las manos- *es procurar sembrar la semilla de esa conciencia de cambio del hombre y de sus estructuras sociales con el objeto de que al recapacitar en lo individual, se pudiera evitar, totalmente o en parte, el sufrimiento que genera su proceso evolutivo.*

Os hizo una pausa y se pasó la mano derecha por la frente, como si borrara pensamientos y me dijo: *volviendo a lo que tratábamos, la premisa básica para el verdadero desarrollo del hombre es la desaparición de todas las ideologías y doctrinas.*

Entiendo —contesté, aun abatido por lo que había visto y sentido- recuerdo que hace no mucho tiempo escuche en un programa de Televisión a un grupo de hombres, entre los que se encontraba el Premio Nóbel de literatura, el mexicano Octavio Paz (todavía vivo en 1992), que estaban preocupados por que el fin del siglo XX estaba caracterizado por la ausencia de ideologías nuevas, principalmente en lo social y en lo político y todos ellos coincidían en que estaban en espera del surgimiento de una ideología que definiera las sociedades del siglo XXI.

Esa es la posición de los intelectuales —dijo Os apurándose y señalando el libro en sus manos- *sin embargo, aquí esta escrito que en esa falta de ideologías está el futuro. Acaso no entiende la humanidad que todos los sistemas han fracasado, que sustituir uno por otro no es la solución. Con esa miopía característica de los analistas de tu tiempo, se cae en situaciones tan ridículas como la que me describes.*

Los capitalistas de fines del siglo XX echaron sus campanas al vuelo por la estrepitosa caída del comunismo de la URSS y de los regímenes de Europa Oriental, cuyos sistemas consideraron antagónicos. Según ellos, vencieron; sin embargo, no ven el comunismo de China que a la larga será mucho mas fuerte de lo que es en la actualidad, utilizando las mismas herramientas de los capitalistas y, por supuesto, tampoco ven su propio fracaso; la pobreza e indigencia, la injusticia y la inconformidad que las sociedades occidentales han creado, parecen ser detalles sin importancia en comparación con sus "grandes logros".

Los símbolos de su opulencia como Nueva York, Los Ángeles, Chicago, Washington, Londres, París, Berlín, Tokio, por nombrar unas cuantas, se han convertido en guaridas de maleantes, mafiosos, drogadictos y vendedores de drogas, estos dos últimos como una mancuerna inseparable, donde la pobreza, la injusticia, la violencia y el odio tienen sus mas caros representantes. Porque no podrás negar que alrededor o en el centro de algunas de esas ciudades se advierte la mas absoluta pobreza y la casi total carencia de bienes materiales y espirituales, en gran contraste con los que tienen mas de lo que pueden utilizar.

El drama de esas sociedades y diría del hombre al que ustedes llaman moderno, radica en la posibilidad que tiene de poseer cada día más bienes materiales. Esta posibilidad, todavía tan limitada para muchos, acumula en el corazón de cada humano una insaciable hambre de satisfacción, poder y gozo. Las mismas sociedades preparan a sus nuevos integrantes para obedecer mediante toda clase de engaños y hacerlos olvidar que la verdadera grandeza esta en la profundidad de su alma. Y así, esos seres desde niños quieren siempre más, ser más ricos, más famosos y mas poderosos y para conseguirlo gastan todo el tiempo de su corta vida y toda su energía agitándose, trabajando, luchando par adquirir más y mejores cosas, sin importar como, aún pisando a los demás, sean quienes sean; hasta que un día quedan irremisiblemente aplastados por el peso de todo ello.

Se les olvida que pueden tener todo, pero si no tienen paz dentro de sí mismos, en realidad son unos fracasados.

No está lejano el día en que los sistemas financieros que sustentan toda la ideología capitalista, se derrumben por su propia ambición, arrastrando a todos a algo nunca visto.

Pero, en fin, he oído a algunos padres que les dicen a sus hijos que pueden hacer lo que quieran y lo que deseen, siempre y cuando sea para lograr cada día más. Sin lugar a dudas, todos los días, los padres, familiares y amigos les dicen con su ejemplo que los grandes hombres son los que han adquirido enorme riqueza, los que disponen de gran poder y han conseguido ser reconocidos y, por lo tanto, son más respetables quienes logran ser más "productivos y eficientes",

Así los hombres empiezan pensando en términos de cantidad, olvidándose de su ser, ese ser al cual no le importa lo que haya acumulado durante una vida pues, al fin y al cabo, tendrá que dejarlo. Y así, paradójicamente, cuanto mas necesidad se tiene de acumular dinero, posesiones, fama y poder, mas aumentan para el hombre las ocasiones de sentirse insatisfecho e infeliz; no es casual el número tan elevado de suicidas que generan éstas sociedades.

A fuerza de desear tener todo, de afanarse por obtener todo y de obsesionarse por gozarlo todo, el hombre se vuelve incapaz de dirigir su vida hacia una meta distinta. Y lo increíble es que ese hombre se extravió y no lo cree pero se ha convertido en esclavo de sus logros. De esa manera, el Estado, la moral, la religión y las demás instituciones y seres humanos se convierten en medios para obtener lo que él quiere lograr.

Por otro lado, esto crea una total insatisfacción en los que nada tienen y nada tendrán, a menos que delincan, esto crea un resentimiento y un odio hacia la sociedad y hacia todos aquellos que si tuvieron los medios de obtener algo o todo de aquello.

Por eso es mas fácil que un camello pase por la mirilla de una aguja que, los ricos, esclavos de su posesiones y los pobres, inconformes y resentidos, puedan entrar al reino de los cielos, lo habrás oído o leído ¿verdad?. Pocos ricos son libres de la esclavitud de sus riquezas y muchos de los pobres son esclavos de los sueños de tener, lo cual los deja en igualdad de circunstancias, bueno, relativamente, pues unos vivirán bien y los otros no.

No es casualidad que los hombres iluminados siempre le hayan pedido a sus seguidores que se desprendieran de sus bienes terrenales para tener la seguridad de que nada los ataría en el camino de encontrar la verdadera libertad y la verdadera grandeza.

Y esto es valido también entre países, ¿te has dado cuenta que muchos de ellos quieren ser como las naciones industrializadas o de perdida pertenecer al club de los ricos?; sin entender que la riqueza de algunos países ha creado la pobreza de todos los demás. Bástenos ver a los países centroamericanos y sudamericanos, a la mayoría de los africanos y a una gran parte de los asiáticos, todos ellos parecen no entender que su situación angustiante nace del imperialismo y de los intereses de los países pudientes, más que de su incapacidad. Sin embargo, al igual que los hombres en lo individual, estas sociedades sueñan y se aferran en poseer lo que los del primer mundo, convirtiéndose en sociedades alienadas e inhumanas que en esa lucha por salir de su situación se olvidan de sus propios individuos.

Tal parece que los rusos comunistas se dieron cuenta de sus errores y han rectificado su sociedad inhumana y carente de derechos humanos, a través de revoluciones más o menos pacíficas; pero tal parece que se olvidaron de la justicia social que fue su bandera y seguramente darán el bandazo, convirtiéndose en capitalistas. De ser así, únicamente habrán cambiado vestiduras y seguirán haciendo infelices a los más de sus integrantes.

Si analizas objetivamente, los dos sistemas dueños del siglo XX fracasaron estrepitosamente por lo que sus líderes e ideólogos desaparecerán en el transcurso de los próximos siglos.

Yo diría que como una tendencia generalizada, la monarquía y las dictaduras —tan parecidas entre ambas- viven sus últimos días en éste planeta, de la misma forma que las teocracias, que casi han desaparecido.

De igual forma todos aquellos sistemas que surgieron y nunca tuvieron posibilidades reales como la sinarquía y otras.

SANAR AL MUNDO:

Todo ello nos regresa a nuestro punto de partida, al hecho de que estamos en la frontera de la época de una sociedad sin gobierno, donde lo único importante será el bien de cada individuo sin importar sus creencias, pues como ya dije no hay verdades universales. Algunos pensadores de tu tiempo han advertido con preocupación y temor ese relativismo que no cree en nada y que hace estragos en los centros de cultura y muchos hombres de tu época; uno de cuyos síntomas es la falta de interés respecto de los procesos electorales y sus resultados. Esa preocupación es una manifestación inconsciente, un temor a quedar indefensos y a perder el sentido de identidad; es gracioso, pero al fin y al cabo es un miedo a la libertad.

En realidad, lo que estos pensadores ven como algo negativo, corresponde a algo positivo, esto es, a la creación de una sociedad mucho mas abierta, donde haya cabida a todas las ideas y estilos de vida que podamos o queramos imaginar, donde el bien y el mal desaparezcan como medida y, en su lugar, queden los verdaderos valores del hombre; donde lo cerrado, el dogmatismo, el sectarismo, la estrechez mental y el egoísmo a ultranza desparezcan, donde a los individuos se les permita ser libres y vivir en paz y desaparezcan los estados administrativos, donde se banalicen los rasgos que diferencian como el suelo, la lengua, la raza, la religión, la sangre, el dinero y el nacionalismo, y donde la única economía valida consistirá en cubrir las necesidades básicas de todos y cada uno de los seres humanos, sin ponerle nombre, sin banderas, sin separaciones.

Así es que es mejor pasar de ese temor insensato a un nuevo entusiasmo que nos conduzca lo más rápido posible a esa sociedad, pero para ello antes deberemos sanar al mundo como muchos ya lo han soñado:

En ese momento escuché música dentro de mí:

Hay un lugar en tu corazón
y yo sé que es amor,
y este lugar puede ser mucho más brillante mañana.
Y si tu realmente intentas
encontrarás que no hay necesidad de llorar
en este lugar sentirás que no hay dolor ni penas.
Hay maneras de llegar allí
si te preocupas suficiente por la vida
haz un pequeño espacio
haz un lugar mejor...
Sana al mundo
hazlo un lugar mejor
por ti y por mi y por toda la raza humana.
Hay gente muriendo
si te preocupas suficiente por la vida
haz un mejor lugar para ti y para mi.
Si quieres saber porque
hay un amor que no puede mentir
el amor es fuerte
Solo importa que sea dado alegremente.
Si tratamos
debemos ver
en esta felicidad
no podemos sentir miedo o pavor
dejaremos de existir y comenzaremos a vivir.
Entonces siento que siempre
el amor es suficiente para nuestro crecimiento
así que hagamos un mundo mejor
haz un mundo mejor...

Cura al mundo
hazlo un lugar mejor
para ti y para mi y para toda la humanidad.
Hay gente muriendo
si te preocupa lo suficiente la vida
haz un mundo mejor para ti y para mi.
Y el sueño que estamos concibiendo
nos revelará una cara alegre
y el mundo en el que alguna vez creímos
brillará una vez más en tolerancia.
Entonces por que mantenemos esta sofocante vida
que hirió este planeta
crucificó su alma
aunque esto es sencillo de ver
este mundo divino es el resplandor de Dios.
Podemos volar tan alto
sin dejar que alguna vez mueran nuestros espíritus
en mi corazón yo siento que todos ustedes son mis
hermanos.
Creen un mundo donde no haya miedos
juntos lloraremos lágrimas felices
veremos las naciones convertir sus espadas en rejas de
arado.
Podemos realmente llegar allí
si te preocupa lo suficiente la vida
haz un pequeño espacio
para hacer un lugar mejor...
Sana al mundo
hazlo un lugar mejor
por ti y por mi y por toda la humanidad
Hay gente muriendo
si te preocupa lo suficiente la vida
haz un lugar mejor para ti y para mi
para ti y para mi (se repite)

Sanar al mundo de alguien que seguro conoces: Michael Jackson, dijo Os.

CAPÍTULO III

Los humanos se distribuyen en tribus y familias y se hacen originarios de naciones y continentes. Yo me sentiría extraño si fuera de una sola ciudad o perteneciera a una sola nación.

Toda la tierra es mi patria y toda la familia humana es mi tribu.

El hombre es débil; a pesar de su pequeñez, se divide a sí mismo: y por su ignorancia, divide la tierra en reinos.

Gibrán Jalil Gibrán.

DESAPARICIÓN DE GOBIERNOS:

En cuestión de conciencia, lo que piense la mayoría no es relevante –dijo Os, con énfasis- *ésta es una frase de un hombre sencillo: Mahatma Gandhi;* y me preguntó: *¿estás de acuerdo?*

Claro que estaba de acuerdo ¿quién no lo estaría? Y sin esperar la respuesta continuó:

A eso podríamos agregar que la verdad no se obtiene por votación, esto es, no es democrática, simplemente "ES", sin importar lo que piense o quiera la mayoría; y nuevamente me preguntó: *¿estás de acuerdo?*

A lo que asentí moviendo mi cabeza.

De las cosas que son verdaderos estorbos para la realización plena del ser humano, hay tres que al desaparecer crearán un estado de vida bastante agradable, estas son: el gobierno, la política y, por supuesto, los gobernantes.

Por un momento me pareció que aquel hombre estaba leyendo todo lo que me decía, de alguna forma el librote aquel contenía esa sabiduría.

Os me miró nuevamente a los ojos con afán inquisidor y me preguntó: *¿nunca te has cuestionado acerca del sentido de la política?*

Entonces recordé lo que alguna vez me habían enseñado en la escuela: Etimológicamente esa palabra proviene de polis que significa ciudad, aunque alguien decía que, al fin y al cabo, polis es el lugar donde viven "muchos" y donde se reúnen para vivir mas de dos, surgen problemas o cuestiones que tienen que sistematizarse por la política. Recordé haber leído que vivir dedicado a los muchos es política y algunos decían que es la quinta esencia humana, un arte y una ciencia al mismo tiempo.

Me vino a la mente lo que me decía mi profesor de Sociología en la Prepa, sobre la importancia de que los animales no hacen política, ya que solo los hombres desarrollan esa actividad; por eso alguien nos llamó animales políticos.

El diccionario dice que la política es el arte de gobernar.

En ese instante voltee a ver a Os y me di cuenta que me observaba con esa sonrisa que ya se me estaba haciendo tan familiar, a pesar de que acababa de conocerlo. Era como cuando un niño ríe, no había sarcasmo ni burla, era una sonrisa de comprensión.

Aprovechando ese momento, le pregunté: ¿en serio crees que el hombre puede sobrevivir sin la política? Y continué: en realidad siempre he creído que la política es una búsqueda de expresión del hombre o de muchos hombres unidos en grupos, pueblos o naciones; yo creo que ella nos permite relacionarnos y hace posible la creación de espacios de crecimiento y desarrollo para el ser humano, ¡uf! Creo que me oí como político. Pero es que no puedo imaginarme un país sin gobernantes, ¿no crees que sería como una orquesta sin director?

Bien, bien, repitió Os, *suena bastante bien, empezaremos por tu última pregunta: ¿no recuerdas haber leído en los diarios que en los Estados Unidos existe, desde principios de los noventa, una orquesta sinfónica que carece de director?, imagínatela, una orquesta donde cada integrante sabe que tocar, cuando entrar y como contribuir al fin para el que se reunieron ¿acaso dudas de la capacidad de tus congéneres para decidir y hacer lo que desean y necesitan? ¿Crees que siempre serán borregos?*

Recuerda que estamos comenzando la era de Acuario, cuya energía logrará que el liderazgo sea algo diferente de lo que han conocido, donde cada hombre tomará sus decisiones sin necesidad de que un libro u otros hombres le indiquen el camino.

Por otro lado, observa a los gobernantes, no a los de hace quinientos o mil años, ni siquiera a los de hace cien años, sino a los de tu época y verás que día a día viven su personal lucha por el poder, no por servir a otros, aunque no lo reconozcan; pero recuerda, si quieres conocer a un hombre no te fijes en lo que dice, sino en lo que no dice.

Todos ellos con sus acciones nos dicen "el poder por el poder si vale la pena", a pesar de que con su palabrería insubstancial nos hablen de que la justicia social es la voluntad constante y perpetua de una sociedad, nos digan que luchan por darle a todos los individuos la seguridad y el trabajo remunerable que satisfaga sus necesidades de sobrevivencia, dignidad, cultura, salud y perfectibilidad, ¡claro! Siempre y cuando pertenezcan al sistema del cual ellos son cabeza.

Recuerda las promesas y palabras huecas de que todos los gobernantes buscan el mejoramiento económico, social y cultural del pueblo y haz conciencia de cómo te han convencido a ti y a todos de que solo a través de la política y de la sabia dirección de ellos se deben tomar las decisiones colectivas para normar toda la vida humana; siempre conforme a reglas generales acordadas por mayoría de votos, pero obligatorias para todos.

¡Ah! Otra falacia "la democracia", casi todos los pueblos se agotan en sus procesos electorales y agotan a la misma democracia en la forma de elegir y designar gobernantes, pero ¡que caray! Estamos obligados a creer lo que Churchill dijo: "la democracia no es perfecta, pero si es la mejor forma de gobierno que hay".

Piensa en el dinero y las energías que se desperdician en todos esos procesos, en las acusaciones, en el resentimiento que queda, en el sectarismo atrás de ellos.

Recuerda como la democracia lleva a institucionalizar el robo y la corrupción, pues los grupos, partidos o como quieras llamarlos, legalizan por mayoría "como y a quién asaltar" y, de esa forma legalizan también la injusticia. Con ello, la democracia se ha convertido en el juego del engaño.

Observa cualquier proceso electoral del mundo, del país que sean y del partido que desees y todos, sin excepción, nos muestran candidatos que poseen casi todas las virtudes, son humanos, fieles, rectos, sobrios y, sobre todo, preocupados por sus conciudadanos. En algunos países, además, son respetuosos de Dios y de sus normas, los ves piadosos y religiosos. Sus familias son dechados de perfección y sus intenciones, bueno, ni dudar de ellas. Sus pasados son perfectos, tal pareciera que no han tenido errores, nunca han cometido un pecadillo; y cuando sacan a la luz algo indebido, pues demuestran con ello que son iguales a los demás, con la cualidad de que pudieron superar aquello.

No cabe duda que el grueso de los humanos se deja engañar por las apariencias, pues todos eligen lo que esos hombres parecen ser, nunca lo que son en realidad.

Ya siendo gobernantes continúan con su mentira hasta donde es posible, pero con el tiempo empiezas a darte cuenta de algunas de sus verdaderas intenciones, pequeños grupos empiezan a sufrir su partidismo, sus preferencias personales, sus extravagancias y a eso se le llama el estilo personal de gobernar. Pero sin excepción, todos los gobernantes del mundo siguen las enseñanzas de su maestro Maquiavelo, lo reconozcan o no.

Y empecé a escuchar en un idioma que me pareció italiano, el cual no hablo, pero en ese momento entendí:

> "No es necesario que un gobernante posea todas las virtudes pero es indispensable que aparente poseerlas y tenerlas. Practicarlas siempre es perjudicial, aparentar tenerlas es útil. Nunca faltan a un príncipe o gobernante razones legítimas para disfrazar la inobservancia de la Ley y de sus promesas. Por eso a los hombres hay que conquistarlos o eliminarlos.
>
> No temas a la crueldad y a los crímenes que en ocasiones es preciso cometer, llámense infamia, injusticia y opresión, pero es importante la autoridad absoluta, pues es mejor ser temido que ser amado. Los hombres tienen menos cuidado de ofender a uno que se haga amar que a uno que se haga temer".

Nuevamente escuché la voz de Os: *Te das cuenta, el gobernante es el rey del disfraz y pasa su vida tratando que los hombres tengan necesidad del Estado que el comanda.*

Si observas a los monos de tu planeta, entenderás como empezó el ser humano a crear dirigentes. El macho dominante es el que guía al grupo, en general éste macho es el más fuerte y el mas inteligente, y aunque su dominio es ejercido por la fuerza, ésta siempre es empleada al mínimo indispensable. De esa misma manera funcionaban las tribus primitivas.

¡Claro! Éste dominio solo podía ejercerse sobre pequeños grupos de personas, pues cuando el poder se delega o se comparte, se va diluyendo poco a poco.

Otra característica que tuvieron las primeras sociedades humanas, la cual todavía puedes ver en los primates, es que el poder del dirigente era limitado, pues los demás machos podían rebelarse contra de él; siempre estaban esperando su momento de debilidad y, en consecuencia, el momento de vencerlo y sustituirlo. Hasta no hace mucho, funcionó perfectamente ese tipo de organización animal pero cuando el grupo empezó a crecer, el dirigente ya no pudo controlarlos a todos, es mas, había algunos a los que ni siquiera conocía y eso le daba un miedo enfermizo, siempre con las intranquilidad de que hubiera otros mas capaces y fuertes que vinieran a quitarle el poder.

El caso es que empezó por ya no saber como manejar a todos los integrantes del grupo y tuvo que confiar y apoyarse en otros, por supuesto los más sumisos y cercanos a él. Para ello, los gobernantes crearon la jerarquía, estableció diferencias irracionales y el se autoproclamó "Dios". También creo el nacionalismo paranoico que le permitía manipular a su pueblo y estableció que el poder fuera hereditario.

Es obvio que al convertirse el poder en algo que pasaba de generación en generación, el dirigente ya no fue el mas capaz sino exactamente todo lo contrario; y sería suficiente recordar algunos ejemplares que dio la historia como Nerón y Calígula en Roma o los Luises en Francia y tantos otros de cualquier país que desees incluir.

El dirigente, además, creó una locura colectiva, pues se proclamó dueño y señor de todo y esto empezó a crear hombres neuróticos y alienados. A su vez, el dirigente empezó a comportarse como un loco y, esa locura y su ineptitud, generó el sufrimiento de muchos, de ahí surgió la división, el odio, la envidia, el revanchismo, la venganza, etc.

Pero no cabe duda, los hombres son tan simples y, de tal manera, tan obedientes a las necesidades del momento, que aquel que engaña encontrará siempre quién se deje engañar.

Posteriormente surgen grupos o partidos que también quieren tener acceso al poder y a los recursos a disposición del gobernante y empiezan a crearse otras formas de gobierno, como las que conoces ahora, le quitan su poder al dirigente primario y entonces cualquier individuo puede detentarlo; supuestamente, sobre la base del mas capaz o el mejor, aunque en la realidad pocas veces es así.

Esos grupos con su oposición y crítica a todo lo que hace el gobierno en turno, quieren convencer al pueblo de que solo ellos están verdaderamente preocupados por el bien de todos y que la fórmula que proponen resolverá, de una vez por todas, todos los problemas, pero hasta un ciego se da cuenta de que lo único que desean es el poder por el poder, pues cuando llegan a tener el poder se convierten en lo mismo que criticaban y no me refiero a algún grupo en particular, me refiero a "todos".

Observa los parlamentos y las cámaras de Diputados y Senadores de los países que las tienen y no encontrarás sino ollas de grillos donde los hombres se comportan como bestias y en donde solo importa el posible acceso al poder total.

¿Y qué me dices de los ministros, secretarios, directores y gobernadores que siempre van de la mano del supremo gobernante, como quiera que a éste le llames?. Entre el gobernante y ellos se da una simbiosis extraña, pues éste debe honrarlos, conquistarlos y colmarlos de cargos y bienes, de manera que comprendan que no pueden vivir sin "su excelencia" y así, siempre teman los cambios; por lo tanto se convierten en permanentes aduladores del gobernante y en sistemáticos aprobadores de los que hace y dice, a pesar de que sean claros desatinos. Ellos pagan todo esto con

su servilismo, aunque en el fondo están acechando la oportunidad de ocupar la silla de aquel a quién sirven; otro juego de falsedad y engaño, pues el móvil atrás siempre es el poder o, cuando menos, compartir las migajas de poder que el gobernante deja.

Para conservar todo esto, los gobernantes crearon las policías y los ejércitos, que como todos los demás de quienes hemos hablado, no son sino parásitos que viven del trabajo de todos los hombres y, sobre los cuales, se dice son indispensables para mantener el orden y cuidarnos de otros gobernantes que a su vez han convencido a sus pueblos de lo mismo.

Pero por supuesto que estos policías y ejércitos y sus dirigentes también están esperando el momento de quedarse con el poder; bástenos ver lo que continuamente sucede en las naciones latinoamericanas y, en general, en las del tercer mundo, donde los militares dan golpes de estado con tanta frecuencia como cobran sus haberes.

Y, aunque no lo creas, los gobernantes de los países ricos y democráticos son lo mismo, aunque mas refinados en su disfraz.

¿Te puedes imaginar lo que todos los gobernantes del mundo le cuestan a la humanidad; su mantenimiento diario, sus giras, sus transportes, sus caprichos, sus lujos?; ¿Cuánto cuesta que vivan bien, ellos y sus familias?, ¿Cuánto cuestan sus residencias y sus aparatos de protección que los mantienen alejados de la verdad y de aquellos, a quién dizque tanto aman (su pueblo)?. ¿Cuánto cuestan los sueldos y el mantenimiento de los ejércitos, de los ministros y de toda la burocracia que en cascada se desparrama desde el vértice de la pirámide?, ¿Cuánto cuestan y han costado las eternas guerras y luchas a las que eternamente han impuesto sobre sus pueblos?, ¿Cuánto cuestan los instrumentos de exterminio que estos gobernantes han obtenido de científicos y expertos, y que con el paso de los siglos han sido perfeccionados, convirtiéndose en armas cada vez mas sofisticadas?, ¿Cuánto toda la tecnología que los gobiernos utilizan en gran medida para ver quien se acaba primero, aduciendo que para preservar la vida de unos hay que acabar con la de los otros?.

Piensa cuanto cuestan los armamentos y todas las bombas atómicas, de hidrógeno o de protones que tienen los Estados Unidos de América, Rusia, China y otros pocos. Piensa cual ha sido el costo de llegar a la luna o de enviar sondas a diversos planetas del sistema solar, o de mantener a un grupo de personas dando de vueltas al globo terráqueo.

Preguntémonos ¿cuanto nos cuestan los programas de investigación espacial como los que realiza la NASA en los Estados Unidos, las Agencias Espaciales Europea, China y Rusa, donde se queman miles de millones de dólares para el lucimiento de unos cuantos?; ¿Qué me dices de las investigaciones sobre la energía nuclear donde se construyen instalaciones de valor incalculable para lograr que se produzcan choques de partículas, cuyos resultados son de dudoso beneficio para la mayor parte de la humanidad?. A eso agrégale los presupuestos millonarios para la investigación de la vida sexual de las mariposas o del gusano barrenador, o de lo que se te ocurra; todos ellos justificados por el avance científico y tecnológico de la humanidad. ¿y los que se mueren de hambre en África, Latinoamérica, Asia y el resto del mundo?, bueno, eso es poco importante.

Nuevamente te pregunto: ¿Cuánto cuesta toda esa locura?

Y claro, estáis preocupados por no tener recursos para dar de comer a la media humanidad que se debate en la pobreza. El hombre no ha logrado eliminar las desigualdades, la miseria y el hambre, así como todos los demás flagelos, precisamente debido a que tiene gobernantes.

Todas las guerras de que puedas tener memoria, se han originado por la decisión unilateral de los gobernantes de los países que han intervenido en dichos conflictos; podríamos concluir que si no hubiera gobernantes, no habría guerras, pues ¿Quién los iba a convencer y a organizar para pelear? y ¿Qué tendríais que defender sin ellos?; ¿crees que los hombres deben sentirse orgullosos de ésta actividad por el solo hecho de que los animales no la practican?

Pero el mundo sigue creando nuevos Alejandros, Julios Cesares, Napoleones, Hitlers, Reagans, Husseisn y Bushes, por citar algunos; presidentes, primeros ministros, reyecitos y demás que han convencido y continúan convenciendo a sus pueblos de que ellos pueden ser los amos en otros países o aún de todo el planeta; o que deben crear un nuevo orden, por supuesto, a su estilo y bajo su férula. ¿Quién los ha incitado para defender la democracia y la libertad?, si lo razonas, da risa, pues a la larga el pueblo no obtiene nada de eso.

Tu sabes que no ha pasado día alguno en toda la historia de la humanidad en el que no hubiera habido un conflicto armado, en el que haya habido muertos por revoluciones, guerras o como quieras llamarlas.

Todos tus congéneres no tienen la posibilidad de influir en estos hechos; a veces, inconscientemente piden cordura y cuantas veces han elevado sus plegarias al Dios en el que creen para que los gobernantes recapaciten en sus diferentes posiciones y se den cuenta de que una guerra no le va a servir a ninguno de los participantes; de hecho, nunca han servido para maldita la cosa. Cuando estudiamos las disputas del presente o del pasado, cualquier persona razonable se dará cuenta de la inconsciencia de los dirigentes de esos países. ¿Si entendieran que la Patria es la tierra entera? que no importa donde naciste y cual es tu color o religión, pues nada de eso los hace mejores o perores.

Eso es lo que deberían enseñarles a sus hijos, que las fronteras no existen y que únicamente han sido creadas por nuestras mentes desequilibradas; que no hay diferencias básicas entre los hombres y que, en realidad, lo que hay son similitudes. No pretendo con ello decirte que debieran tener conciencia de que todo es Uno, pues todavía están lejos de esa consciencia, pero sí, que el reto primero es hacerlos sentir terrícolas, como en el futuro otras humanidades los deberán hacer sentir solares (por ser del sistema solar) y mas adelante en el tiempo les enseñarán a ser lácteos (por la vía láctea) y después sentirse integrados con el universo todo.

Yo les diría ¡humanos de todo el mundo, uníos!, dejad atrás la corrupción de los gobernantes, pues lo humano es la esencia de todo y, eso, debe *darle valor a todo; las instituciones y el Estado no son superiores a cada hombre. La época del barbarismo y la violencia debería terminar de una vez por todas, ¿para que queremos tener un número ilimitado de armas que nadie podrá usar si estuviera en sus cabales? Pues de usarlas, ya no habría mundo que habitar.*

El hombre ya no debe seguir sojuzgando a los otros, a los más débiles para esclavizarlos y darles muerte; yo te aseguro que en cada ser humano habitante de este planeta, está la posibilidad de que esto termine.

El hombre dejará de ser el lobo de su hermano y la época obscura del salvajismo y del primitivismo quedará atrás, lo que lo llevará, sin duda alguna, a la verdadera civilización. La doctrina de la fuerza como ley determinante, el derecho del más fuerte, el hombre autoritario, el dictador, el político que solo se beneficia a si mismo, el gobernante invencible y prepotente - con todos sus adeptos, prosélitos y seguidores-, todos ellos deberán desaparecer como requisito previo e indispensable al inicio de la edad de oro del mundo.

Apártate de la política falaz y de las intrigas y secretos de los gobernantes, si quieres mantener tu salud mental, y no olvides que toda la tierra es tu patria y todos los hombres tus hermanos.

¡Tienes razón! –interrumpí a Os- durante la historia de la humanidad unos cuantos son los que se han beneficiado de este sistema, todos los demás hemos sufrido sus ocurrencias. Sin embargo, los pocos ricos de éste mundo, los que tienen en su mano las propiedades, ellos son los que han requerido de gobiernos para que continúen detentando su riqueza, concientes o no de que con ello generan la pobreza de los muchos. Alguna vez leí que así empezó la lucha entre los hombres, cuando algún homínido fuerte reclamó y obtuvo, a los ojos de Dios y de sus congéneres, un pedazo de tierra y una serie de bienes primitivos, declarando que eran de su propiedad; de ahí en adelante ese primer "propietario" tuvo que pelear para conservar "lo que era suyo" y de ahí surgieron los ejércitos que defenderían, a capa y espada, aquello que, en realidad, nunca había sido de él.

El ser humano ha luchado a partir de entonces por acaparar riquezas, por poseer cada vez más bienes materiales, por ensanchar cada vez más los alcances de su poder político y económico, por monopolizar los bienes de producción y ésta lucha alcanza a explicar, en gran parte, el porqué del caos actual. Al pasar de los siglos, el mundo entero ha sido repartido, todo es propiedad de alguien y a través de las herencias y de la compra-venta, la propiedad le ha sido impuesta a los hombres. Esto ha requerido de gobiernos que garanticen que los derechos sobre los bienes serán respetados y, por ende, necesitamos policías que detengan a quienes no respetan el juego y jueces que castiguen a los infractores. "La propiedad" ha llegado a ser uno de los Dioses de nuestra época y, en consecuencia –coincido contigo- es la generadora del 95% del sufrimiento humano.

La vida de los hombres de estos últimos siglos se desarrolla sobre "el tener y el no tener", se nos educa para llegar a tener algo, algún día, se nos motiva a ello y se nos considera fracasados si al morir no poseemos nada; con ese enfoque, Jesús de Nazareth, Francisco de Asís, Sidaharta y otros por el estilo, serían unos pobres diablos.

Hemos avanzado tanto en eso de la propiedad que algunos hasta poseen gente.

En ese momento recapacité, ¿de donde me salía aquella intensidad?.

Os sonrió y me dijo: *Todo eso sucede porque estáis convencidos de que el mundo es insuficiente y por lo tanto se va a acabar, como si fuera una paleta que chupas y, sobre todo, que no hay para todos, solo para los mas fuertes, por lo tanto yo tengo mi paleta y no tengo por que compartirla. Esta mentalidad los ha llevado a crear hombres y sistemas alienados y tremendamente competitivos.*

Cuando desaparezcan los estados y las fronteras, entenderéis que la riqueza no está en la propiedad, sino en el hombre y en lo que experimenta; ni siquiera está en el subsuelo, ni el los fértiles valles, ni el los ríos y mares, ni en el espacio, tampoco se cuenta por las minas, el petróleo, las construcciones y la agricultura, sino por la calidad humana de cada uno de nosotros.

Liberar el tiempo del hombre de la carga del trabajo y la competencia, para invertirlo en experimentar, pensar y sentir, es aumentar la riqueza, aunque lo dudes, pues según se dice, Dios, al expulsarnos del paraíso nos sentenció a ganar el pan con el sudor de nuestra frente.

Cooperación y no división aumentarían la riqueza; y algo que te puede sonar extraño, no es con menos gente que tendréis más, eso es entrópico, es con más hombres que serán más ricos. Aunque lo dudes, ese es uno de los pasos más difíciles que deberá dar el ser humano para lograr un verdadero desarrollo, concientes de que ya no habrá algún Moisés que tire el becerro de oro que todos adoráis. Deberá ser un cambio interno y general, donde cada hombre entienda que es innecesario guardar y poseer más de lo que puede usar y gastar, y que no hay forma de llevarse nada después de la muerte.

Los judíos con su sabiduría de siglos- teórica, por supuesto, por que en la práctica son diferentes- dicen que por eso el manto con que amortajan a los muertos no tiene bolsas, pues no hay forma de guardar nada.

Al hombre común, el que vive en el campo o el que deambula por las calles de cualquier ciudad del mundo, el que todos los días trabaja sembrando, cargando, manejando, prestando servicios, o sentado en una oficina, o frente a una máquina en una industria, de verdad, no le interesan los sistemas políticos; a través de los tiempos ha vivido todos los sistemas: desde la teocracia, el capitalismo, el marxismo-leninismo, el socialismo, la monarquía y aún, el gobierno de la milicia o de los dictadores y, por supuesto, en ninguno ha encontrado la satisfacción total de sus necesidades; ¡cierto!, el hombre se acostumbra a todo, si ha vivido en un país capitalista y mañana hay una revolución socialista o viceversa, pues la vive y la sufre, y ¡claro! Se acostumbra a través de los años, de cualquier forma ni con una ni con la otra ideología cambia su situación, solo cambia la situación de aquel que participa de la ideología del sistema y está cerca del poder.

*Por ello humanos, terrícolas, o como les llames, unámonos, démonos
cuenta de que no necesitamos gobiernos, que no necesitamos de la política,
todo eso fue inventado por los políticos deseando que todos seamos como
ellos, de la misma manera que en toda la historia de la humanidad los
cristianos, los mahometanos, los marxistas, los capitalistas o como quieran
que los llames, han deseado que todos pensemos de la misma manera.*

*En realidad, habéis estado dormidos, influenciados por otros,
condicionados por la familia, la religión, los amigos y la sociedad toda,
manipulados por"líderes".*

*Pero, ¿en realidad necesitáis la política?, ¿De verdad toda actividad
es política?, ¿Necesitamos de los gobernantes? ¿O será que únicamente
necesitamos quién solucione problemas?.*

*El poder ha corrompido al hombre, el gobierno, cualesquiera sea su signo,
es antisocial pues evita la igualdad.*

Por un momento escuché palabras en árabe, las cuales, curiosamente,
entendí:

> "Quiero a mi patria por su belleza y amo a sus hijos por su
> desgracia, empero si se rebelasen impulsados por eso que
> llaman patriotismo y atacasen a la patria de mi prójimo y
> robasen su riqueza y matasen a sus hombres, sembrando
> la orfandad y la viudez, regando su tierra con la sangre
> de sus hijos y alimentando sus bestias con la carne de sus
> jóvenes, odiaría a mi patria y a sus hijos.

> Eres hermano y yo te amo; ¿porqué riñes conmigo?,
> ¿porqué vienes a mi tierra con el deseo de dominarme y
> complacer a los que piden con tus palabras la gloria y con
> tu fatiga la alegría?, ¿porqué abandonas a tu compañera y
> a tus pequeños, buscando la muerte en una tierra lejana,
> para halagar a los que compran la grandeza con tu sangre
> y el honor con las penas de tu hogar?

¿Y es éste el alto honor por el cual el hombre mata a su hermano? Entonces levantemos un monumento a Caín entonando loas en su honor...

Dicen ¡OH hermano! Que "la propia conservación" es una ley natural, pero veo a los ambiciosos de la distinción que inculcan en ti el desapego a la vida para dominar a tus hermanos. Y dicen que "el amor a la vida" obliga a codiciar los derechos ajenos.

El egoísmo, hermano mío, creó la ciega rivalidad y ésta es hija del sectarismo y éste, motivó el derecho de conquista que a su vez creó las guerras y la esclavitud. El alma cree en el poder de la sabiduría y de la justicia sobre la ignorancia y la tiranía.....

El verdadero poder está en la sabiduría que proviene de las leyes naturales que son justas y eternas".

Otra vez el poeta de Líbano, me dijo Os y preguntó: ¿bello verdad?

CAPÍTULO IV

Simplificad es el reto,
La única riqueza es la vida,
Solo cuando nos olvidamos de todo lo aprendido
empezamos a saber algo.

H. D. Thoreau.

LA NUEVA ECONOMÍA:

¿Tú crees que sea posible para todos los humanos disfrutar de la totalidad de su planeta, sin que ningún individuo interfiera con otro y sin que ninguno obtenga beneficios a expensas de los demás? – me preguntó Os.

Yo dudé un poco antes de responder, pensando en que podía decirle. Sin embargo, en mi interior, deseaba que algún día pudiéramos vivir de esa forma.

¡Muy bien! –Exclamé- hemos visto la necesidad de desaparecer algunas cosas que el hombre ha creado en su mente calenturienta y que son verdaderos estorbos en su evolución, pero ¿hacia donde iríamos de poder lograrlo?

¡Bueno! Dijo Os, no es lo único que debe desaparecer, vamos a comentar algunas otras cosas. Tal vez pienses que mi enfoque ha sido excesivamente negativo, pero así debe ser, el hombre debe limpiar su casa y observar lo que ha hecho mal a fin de mejorar sus condiciones, ¿acaso en lo individual no haces lo mismo?

Vas a negar que cada principio de año, tú y muchos como tú, hacen propósitos de cambio, basados en lo que han hecho mal o en lo que han omitido hacer en el pasado año. Quizás han observado que fuman, comen o beben demasiado, entonces deciden reducir o suprimir el cigarro, la comida o la bebida y, por supuesto, iniciar una dieta que los conduzca a tener el peso que siempre han deseado. Algunos otros, posiblemente se han dado cuenta que tienen muy mal humor, que se han vuelto groseros y desconsiderados con otros, pero principalmente con los mas cercanos y, por lo tanto, deciden cambiar su actitud; y así, las listas de reformas y cambios pueden ser inmensos, ya que pueden abarcar todos los tópicos imaginables; ¡claro! Que nunca he entendido bien, por que solo cada año se realizan estos propósitos, debieran realizarlos permanentemente.

Los hombres sabios que se encuentran en el camino de su superación, se auto-observan permanentemente con el fin de ir perdiendo aquellos rasgos negativos que les impiden evolucionar y mejorar adecuadamente. Así la vida se convierte en una lucha sistemática por desechar la conducta impulsiva y precipitada, la necedad, la irresponsabilidad, los temores y el carácter posesivo, la arrogancia, acompañada del orgullo y la vanidad, la crítica y el darle importancia a lo que no la tiene, la indecisión, el carácter vengativo, la brusquedad, la burla, la frialdad, la ambición, el comportamiento impredecible, la evasividad, la timidez y la ambivalencia, entre otras muchas.

Pues de igual forma, la sociedad y la humanidad deben de lograr ese cambio en base a la desaparición de los aspectos negativos y retrógrados que ha creado.

Ya lo he dicho y lo repito: Es un hecho que se percibe en todas partes y en todos los medios, que estáis en las puertas de una nueva era. Era en la cual el hombre, por fin, desechará todo lo negativo, o casi todo, obtendrá una conciencia de su lugar en el universo y se logrará la constitución del "hombre mundial".

No podemos esperar que gane ninguno de los sistemas existentes, sino que todo debe tender hacia una humanidad integral y sostenidamente feliz, donde la propiedad será obsoleta y la riqueza será patrimonio común.

Deberemos dejar la economía de la acumulación y para ello, deberá desaparecer el dinero y el mercantilismo, pero sobro todo desaparecerá una ley que los hombres han elevado a un rango tal alto que, en ocasiones, pareciera ser mas importante que la ley de la gravedad, ¡si!, me refiero a la ley de la oferta y la demanda.

Habrás observado que durante los últimos siglos se ha sacrificado tanta gente, porque el hombre ha hecho más importante esta ley que el valor de la propia vida. Recordarás las crisis de la bolsa en Wall Street, donde algunos hombres se suicidaban por haber perdido todo.

Recordarás también la pobreza que posteriormente generaron esas crisis que no solo han tenido un carácter económico sino también moral.

Y que decir de la inflación que ha sido y es, el azote de tantas naciones.

Gracias a esa ley muchos hombres viven en la miseria más espantosa y se revuelcan diariamente en una lucha infructuosa por lograr cubrir sus mínimas necesidades, cada día con menos.

Dicen los expertos que el capital es muy sensible, pero en realidad es muy insensible y lo que pasa es que sus "propietarios" son muy convenencieros.

De hecho, Todos los sistemas financieros existentes son en realidad productores de esclavos, pues las personas viven permanentemente aferradas al trabajo por dinero y al crédito, sin esperanzas de salir nunca del círculo vicioso.

En tu actualidad la gente compra lo que no necesita, con el dinero que no tiene, para aparentar lo que no son y sus supuestos amigos los frecuentan por lo que aparentan: El ser humano de tu siglo está lleno de envidia y odio, solo le importa "el qué dirán", a la larga la sociedad siempre impone sus reglas, "cuanto tienes cuanto vales" esa sociedad donde únicamente importa quién tiene y puede mas, pues dice su dicho: "poderoso caballero es don dinero".

Habrá quien te diga que estás loco que necesitamos de ellos, pero como decía Goethe: nadie está más esclavizado que quien cree ser libre.

Un poeta nos dijo:

¿Qué es lo verdaderamente importante?,
busco en mi interior la respuesta,
y me es tan difícil de encontrar.

Falsas ideas invaden mi mente,
acostumbrada a enmascarar lo que no entiende,
aturdida en un mundo de irreales ilusiones,
donde la vanidad, el miedo, la riqueza,
la violencia, el odio, la indiferencia,
se convierten en adorados héroes,
¡ no me extraña que exista tanta confusión,
tanta lejanía de todo, tanta desilusión!.

Me preguntas cómo se puede ser feliz,
cómo entre tanta mentira puede uno convivir,
cada cual es quien se tiene que responder,
aunque para mí, aquí, ahora y para siempre:
........y continúa

Se le atribuye a Neruda, pero hay un español de apellido Cuervo que dice que lo escribió, no importa, dijo Os.

Entonces –le pregunté a Os- ¿Cómo vamos a repartir la riqueza?:

Bueno –me dijo- ¿Qué es para ti la riqueza?

No tuve que pensar mucho para responder. La riqueza es el dinero, las propiedades, las joyas, los metales preciosos como el oro o la plata, la tierra y todos los bienes que puedes poseer, los medios de producción, los negocios, las fábricas, etc.

Con aquella mirada penetrante a la que ya me estaba acostumbrando, aquel hombre me dijo: *Si te das cuenta, todo eso a lo que llamas riqueza no son sino símbolos.* ¿Cómo que símbolos? –Pregunté- yo los veo reales. *Lo que sucede –dijo Os- es que todas estas cosas solo tienen valor si tu y yo lo aceptamos y dejan de tener valor si no lo aceptamos. Puedes ver lo que sucede en una revolución o en una guerra, donde el dinero, la tierra, las construcciones, las joyas y todo pierde su valor, hasta en tanto termina el conflicto y entonces otra vez se ponen de acuerdo sobre su valor y, sobre todo, sobre su propiedad. En México, durante la revolución de 1910, cada facción de las que peleaba emitía su propio papel moneda, el cual solo servia mientras el ejercito o el líder aquel que lo avalaba le seguía dando valor por la fuerza; esto es, solo valía ese dinero en la zona en que aquellos hombres acampaban o si quieres, en su zona de influencia y, si algún comerciante no lo aceptaba, pues simplemente se moría y de cualquier forma los bienes se expropiaban, para llamarlo de alguna forma, pero en realidad cambiaban de dueño, esto es, se robaban. Es obvio suponer que cuando llegaba el ejército contrario o alguno de los muchos revolucionarios que andaban en armas, ese papel moneda ya no tenía valor, por eso las personas les llamaban bilimbiques, por supuesto, entonces solo valía el emitido por los recién llegados, y así hasta el infinito. Claro que los que intercambiaban bienes a través de ese medio se quedaban con billetes inservibles y sin valor.*

Lo que es para morirse de risa es que con los años esos billetes han vuelto a adquirir valor, pues al ser reliquias históricas hay quien pague bien por ellos.

Y esto o algo similar ha sucedió siempre en la historia del hombre, cambia país y nombres, cambia idioma y época y veras que se repite en todas partes.

Piensa también en lo que hace treinta años podías comprar con la moneda de tu país, seas del país que seas, y te darás cuenta del simbolismo del dinero. Hay casos dramáticos como el de algunos países de Latinoamérica, donde durante un año su dinero se devaluó miles de veces y con lo que antes adquirías un automóvil, ahora solo puedes comprar un chicle.

En la actualidad existen personas que ya no usan o casi no usan el dinero en billete o moneda, pues para eso están sus tarjetas de crédito o de débito, algunos de tus congéneres hasta establecen la valía de otros, por el número e importe de sus tarjetas o de su crédito.

Y que decir de otros bienes como el oro o cualquier otro metal o joya preciosa, todos ellos adquieren valor por que todos se lo hemos querido dar, por eso suben y bajan en los indicadores financieros de todos los días. Es sabido que los colonizadores de América y África, cambiaban espejos y baratijas por oro, porque para unos este metal valía mucho, inclusive hasta la vida, y para otros nada.

Observa el caso del petróleo, el oro negro cuyos yacimientos escrituró el diablo, según dicen, no tenía ningún valor hace no mas de 150 años, de hecho, quién tenía terrenos con esa sustancia negra y viscosa, tenía que darlos mas baratos pues no podía sembrarlos y los animales se morías al caer en los veneros o al beber el agua contaminada por esa extraña sustancia, la cual, solo unos pocos usaban para alumbrar sus casas. Ahora su valor es incalculable, la economía mundial depende de ese oro negro y la vida de millones de hombres está permanentemente en juego por su propiedad y uso, se generan guerras, se crean grupos de poder, se mata, se engaña, se violan derechos, se imponen deseos y se cambian conciencias y, hasta países, por su posesión. Extraño será que, en los siglos por venir, cuando este insumo se acabe, deje de tener valor, pues ya habrá otras fuentes de energía.

Las tierras en sí, son lo mismo, durante toda su historia los hombres han luchado por un pedazo de tierra y han dado su vida y su felicidad a cambio de ello; sin embargo, ha habido tierra que se regala o que se obtiene por el simple hecho de pararse sobre ella y declarar ante los demás que es de su propiedad. Yo te preguntaría, ¿de quien son los polos, de quien es la luna y demás planetas y objetos del sistema solar?, acaso, ¿serán de la nación que primero llegue a ellos o los conquiste?, ¿de quien será el fondo de los mares?, sí, ya sé, existen zonas de influencia o mares territoriales de cada país, pero ¿quién específicamente es el dueño?

¿Te das cuenta de lo que quiero decir cuando hablo de símbolos?

Imagina a un hombre en un naufragio, como el del Titánic o cualquier otro de los muchos que recoge la historia, imagina que aquel hombre lleva consigo sus joyas, su dinero, sus bonos y certificados o las escrituras de sus propiedades, su ropa y todo lo que quieras suponer; ¿de que le vale todo aquello?, ¿no daría todo por un bote salvavidas que le permitiera seguir viviendo? ¿O sería tan ciego que preferiría hundirse con sus bienes, antes que deshacerse de todo y nadar para salvar su vida?. Lee la historia del mundo y verás que hay muchos casos como esos, ¡que falta de conciencia, Dios mío!

Por eso, ya lo decía aquel humilde y sencillo hombrecito de Asís: ¡oh hombres de poca fe! ¿Por qué les interesa tanto el dinero?

En fin, si tú y yo analizamos la evolución del hombre sobre la tierra, entenderás un poco sobre este simbolismo.

No puedes pensar que el deseo de poseer es algo innato en el humano, en realidad los animales no desean poseer y no poseen, aunque algunos luchan y pelean por su territorio pero nunca con ese sentido de acaparamiento que el hombre le ha dado.

Los antropólogos consideran que los primeros humanos no poseían nada, hasta que alguien pensó en reclamar alguna cosa como suya y los demás no quisieron o no pudieron oponerse. No cabe duda, ese primer reclamo lo debe haber hecho el mas fuerte de todos aquellos medio primates, medio hombres.

Un hombre de tu tiempo, Buckminster Fuller dijo que lo que llamamos riqueza es la propiedad impuesta por reclamos soberanos establecidos por las armas, la astucia y la fuerza y las siguientes estructuraciones como propiedades "legales", esto es, protegidas por las leyes, morales o no, de los grupos o naciones soberanos.

Ya lo habíamos platicado antes, esta es la razón por la que se crea el Estado, para proteger el "bien común" y la "propiedad".

Cuando aquellos humanos inventaron la propiedad, nació el primer comerciante pues los primeros intercambios económicos se realizaron en forma de trueque. Y así se inventó el trabajo bajo la férula de un patrón que poseía los bienes y que cada día utilizaba a los hombres para producir más de estos bienes, ello a cambio de un pago en especie que correspondía a una migaja de aquello que habían hecho. De ahí a la invención del dinero solo hay un paso, un segundo, pues se requería un medio de intercambio que no obligara a manejar y cargar permanentemente los bienes en sí.

Pero con los siglos, esto se convirtió en una actitud enfermiza, yo diría que hasta paranoica, hasta tal grado, que la humanidad parece estar cifrando su futuro en el desarrollo de la empresa productiva y en la acumulación del dinero y de los bienes. No hay duda, los negocios tienen el papel que tuvo la religión en la edad media. El dogma de dogmas.

El hombre ha querido encontrar la solución a sus problemas en la producción masiva y aunque con ella ha logrado cubrir las necesidades de unos cuantos, no ha podido dar lo indispensable a todos; no se puede negar que el bienestar "material" de muchos se ha visto incrementado debido a este tipo de organización; sin embargo, la empresa dista mucho de ser una panacea.

Pese al desarrollo del mercantilismo, la pobreza no ha podido erradicarse de la tierra y muchos carecen de lo más elemental y, por supuesto, la empresa no podrá resolver esto.

En tu época estáis más concientes de los que significa el capital y como ese capital ha estado siempre ligado al imperialismo, pues para obtener lo que se quería, había que realizar campañas de pillaje de tierras, tesoros y hombres. Bástenos recordar las conquistas de México, la India, China, Perú o del oeste americano.

Claro que ese imperialismo se transformó a mediados del siglo XX, adoptando nuevas figuras de colonialismo, más refinadas pero igual de inhumanas y crueles. Desapareció la relación de colonia a potencia, cuyo supremo ejemplo fueron los británicos victorianos, donde el poderoso imponía su presencia al débil y, dentro de esa presencia, sus leyes, sus modas y formas de pensar, pero, sobre todo, le imponía el trabajo, de tal forma que aquellos países colonizados se convertían en casi esclavos.

Después de la Segunda Guerra Mundial ese colonialismo se empezó a conformar en algo aparentemente más suave y se disfrazó con piel de oveja pero siguió siendo tan despiadado como en sus mejores épocas.

Los países ricos dejaron de gastar en fuerzas de ocupación y a través de las empresas transnacionales, a través de la importación y exportación de productos y del crédito, siguieron obteniendo el dinero y siguieron manipulando a los hombres y a las naciones.

Crearon organismos como el Fondo Monetario Internacional, o como los Bancos de Desarrollo y a través de ellos impusieron las reglas del juego. Solo bastaba utilizar las leyes del mercado basadas en la suprema ley de la oferta y la demanda, para continuar con el control sobre todo el mundo.

Hasta el día de hoy, si algún trasnochado se rebela, bueno pues ahí están los aparatos militares y la prensa, listos para apoyar los deseos y decisiones de los ricos. Estos ricos que te han convencido a ti y a todos los hombres de que ellos son los únicos poseedores de la riqueza y del capital y que éstos solo se consiguen "trabajando". Como si la riqueza no existiera a pesar de ellos y aún del trabajo.

Y es que los bienes y servicios que se producen tienen por objeto obtener riqueza a cambio y, entonces, esos ricos requieren que los hombres sigan trabajando por ellos y para ellos.

Incluso, promueven conflictos entre naciones pues hasta esas guerras son negocio.

Pero, habría que cuestionarse, ¿Qué sucedería si todos los hombres se ponen de acuerdo y producen lo suficiente para cubrir las necesidades de toda la humanidad y no dejan subir ningún precio?, ¿Qué, si no dejamos a nadie acaparar, evitando que haya hombres que posean tanto que ni en diez vidas lo gastarían?. Pregúntate también ¿para que necesitamos el dinero?, ¿para que necesitamos el trabajo alienante que convierte al hombre moderno en esclavo de las preocupaciones, de la eficiencia, la eficacia, el estrés, la enfermedad y la competencia?; ¿para que miles de profesiones que no tienen sentido como la publicidad, la abogacía, la burocracia, la banca, el crédito y tantas más? ¿Qué pasaría si ya no hubiera países de primera y de segunda o tercera o cuarta?, ¿Qué, si ya no existieran los organismos internacionales que establezcan reglas sin importar los millones de pobres que pudiera haber?, ¿Qué, si fuera mas importante el medio ambiente que el hacer dinero?

Pues muy simple, terminaríamos con sociedades enfermas que nos dicen que no hay suficiente para todos. Gandhi decía: Los recursos que existen en el mundo son más que suficientes para darnos a todos lo necesario, pero son insuficientes para que unos pocos sacien su ambición.

Por ello, el mismo señor Fueller definió la verdadera riqueza como la capacidad organizada de relacionar al hombre entre sí y con su medio ambiente, sosteniendo la saludable regeneración y disminuyendo las restricciones, físicas y metafísicas de los futuros días del individuo.

Esto es, poder desarrollarse, aprender, manifestarse, experimentar, convivir con animales, plantas y medio ambiente sin aprovecharse de ellos; y para ello solo se requiere cubrir las necesidades básicas de todos los hombres: comida, bebida, casa, vestido, limpieza, salud, energía, educación, cultura, etc.

Estas elucubraciones nos llevan a concluir que el capital no es de los capitalistas sino de todos los que guardan su dinero en los bancos e instituciones similares, esto es, de todos. Aunque, en el fondo, tampoco es cierto pues el dinero se crea por títulos no siempre amparados por reservas o incluso se crea por el crédito.

LA VERDADERA RIQUEZA:

Si os olvidáis del dinero, encontraréis que la única riqueza es el valor de la vida, la familia, el recreo, el amor, la amistad, el conocernos a nosotros mismos, la interrelación con todos los seres del planeta, el pensamiento, la poesía, la intuición, el sueño o los sueños, la fe, la esperanza, las ideas, la espiritualidad. Recuerda, no importa cuánto tengas o hagas, o cuanto éxito hayas logrado, si no tienes paz interna y alegría, tu vida será igual de miserable que la de aquellos que nada tienen.

Pocos hombres han encontrado lo realmente valioso, tal vez aquellos que durante su existencia lo han perdido todo, ya sea por la guerra, las enfermedades o las circunstancias adversas, ese "destino" que siempre esta ayudando al hombre a ser conciente.

Por un momento empecé a escuchar palabras en idioma chino:

> "El hombre que conoce lo externo es un erudito,
> el hombre que se conoce a si mismo es un sabio,
> el hombre que conquista a los demás es poderos,

el hombre que se conquista a sï mismo es invencible.

Los hombres necesitan la erudición por que no tienen la verdadera sabiduría.

Los hombres necesitan la moralidad y los deberes porque no tienen amor al prójimo.

Los hombres necesitan la propiedad y el dinero porque no tienen la verdadera riqueza.

Y es que los hombres se apoyan siempre en lo que no deben.

El sabio no acumula para sí y vive la vida plena".

Os interrumpió –palabras de Lao-Tse- ¿interesantes verdad? Pero siempre debes recordar que la riqueza y el deseo de riqueza son, tal vez, los mas grandes impedimentos para la evolución espiritual del hombre sobre este planeta, nada como el dinero y las propiedades lo deshumanizan tanto y lo dividen tanto.

Con el dinero se compra todo, aún la vida y la voluntad de personas.

¿No crees, que están locos aquellos que venden sus días a cambio de oro, como están locos quienes toman de vuestro corazón y disponen de vuestro espíritu por dinero?

Sin lugar a dudas, poseer, comprar, vender y prestar están ligados a engañar, envidiar, acumular, mentir, manipular, encubrir, confundir y ambicionar.

Habéis olvidado que ninguna propiedad podéis llevaros consigo y esa es la gran lección de la vida: "saber dejar". Recuerda: ¿Cuántas cosas has obtenido que después has tenido que dejar?; juguetes, casas, ropa, coches, aparatos, muebles, joyas y quién sabe cuanto más. ¿Cuántas actitudes también dejaste en el camino? Y a ¿Cuántas personas?.

Eso es la vida, aunque el hombre sabe que todo hay que dejarlo, el último día de su existencia todavía juega una última carta y entonces inventa las herencias; con lo cual sigue manipulando a medio mundo aún después de muerto; nada tan patético y doloroso como esto.

Necesitamos crear un mundo sin guerras, sin odios, sin líneas divisoras, eliminar el sistema monetario existente para crear un modelo de vida que permita nuevamente la relación del hombre y la naturaleza.

Aquí leo que en un futuro no muy lejano todos los bienes y servicios estarán disponibles para todos sin necesidad de dinero o de crédito y sin trabajo. Al fin podrán liberarse de la maldición bíblica de "ganarás el pan con el sudor de tu frente".

La tierra, la Pacha mama, es abundante en recursos y estos deben compartirse.

En el futuro derribarán sus ciudades, crearán sistemas autosuficientes, los humanos dejarán de acaparar y buscarán bienes y valores individuales en lugar de riqueza, dejarán la economía de la escasez, por supuesto no existirá la contaminación y el mal uso de los recursos que ahora ejercen las empresas.

Tú, tal vez no estés conciente, pero en la actualidad ya disponen de la tecnología para dar alimento, abrigo, energía y demás para todos los que habitan la tierra.

Imagina, los problemas sociales y emocionales casi no existirán, todas las neurosis generadas por problemas financieros desaparecerán, las relaciones hombre-mujer estarán basadas en el amor y no en el interés, los crímenes serán mínimos y desaparecerán- dijo mostrando una gran sonrisa- algunas cosas que creo que los harán felices, como la publicidad, ¿o no?.

El hombre, al fin, utilizará su tiempo en estudiar y hacer lo que desee, recuerda lo que alguien dijo sobre lo que da felicidad: amar quien eres, amar en donde estas, amar lo que haces y amar con quien estás.

CAPÍTULO V

Si alguien realiza una maldad
¿debo cogerlo y matarlo?
¿quién se atrevería a hacer esto?
Siempre hay una potencia superior que mata,
Matar en sustitución de esa potencia superior,
Sería como manejar el hacha en lugar del leñador.
El que quiera manejar el hacha en lugar del leñador,
Rara vez escapará sin herirse la mano.
El odio hay que compensarlo con amor,
Si se compensa con odio
Siempre quedará odio sobrante
El sabio no rechaza al culpable,
Ni le acusa, ni le juzga,
Deja simplemente que el todo actúe.

Lao Tse. Tao the King.

SOBRE LAS LEYES:

Uno podría decir que aquel hombre ya había terminado de leer aquel librote, pues dejó de hablar por algunos segundos pero en realidad quiso hacer una pausa para que ambos pudiéramos pensar en todo aquello que habíamos compartido a través de todos nuestros sentidos.

No puedo decir cuanto duró ese silencio pero ese momento se me hizo muy largo.

Todavía retumbaban en mi oído sus últimas palabras y pensaba en cuantas injusticias hay en este mundo, ¡bueno, en mi mundo!.

Me preguntaba en lo interno como cambiar ese orden de cosas. Los gobiernos no lo habían logrado a pesar de que algunos, pocos por cierto, lo intentaron en el pasado; y eso era lógico pues los gobiernos como pueden terminar con lo mismo que los creó y los mantiene.

Suspiré y un poco malhumorado exclamé: ¡no veo como pueden cambiarse las estructuras existentes!, no veo salida, ¿acaso necesitamos nuevas leyes que normen como debemos actuar todos?, le interrogué.

Os se llevó las manos a la cabeza y exclamó, casi gritando: *necesitáis un nuevo sistema de valores humanos, ¡mas leyes, no por favor!; alguna vez te has puesto a pensar cuantas leyes ha habido y hay en todo el mundo, cuantos códigos, cartas, reglamentos, ordenamientos, constituciones, ordenanzas, normas, fueros, instrucciones, restricciones, disposiciones, reglas o como quieras llamar a esas leyes, han existido desde que el hombre es hombre; seguramente si pudieras tener acceso a ellas, no te bastaría una vida solo para leerlas.*

Todas las prohibiciones que puedas imaginar están en esas leyes, a algunas las podrías tachar de justas, pero la mayoría son o fueron terriblemente injustas, pues, como podrás darte cuenta, la justicia no tiene nada que ver con ellas, a pesar de que en aras de esa justicia se hayan creado.

Sin lugar a dudas el hombre inventa barreras donde no las hay, pone límites a lo que no los tiene, divide lo que no tiene división e inventa pecados con el simple ánimo de castigar a otros y descargar sus patologías.

Desde el principio de la historia cada gobernante que ha existido ha creado las leyes que le convenían y las ha hecho cumplir con toda la fuerza de que ha dispuesto.

Nada ha generado mayor sufrimiento a la humanidad que esas leyes. Las leyes dividieron al mundo y lo repartieron, las leyes elevaron a reyes y sacerdotes sobre los demás, crearon las clases sociales, establecieron la tenencia de la tierra y de todos los bienes existentes o no, crearon la obligación de tributar, normaron como debía ser la organización social, la familia y el estado, señalaron y nos dijeron que se podía y que no, que se debía y que no, establecieron la superioridad, inventada por supuesto, del hombre sobre la mujer y definieron todas las actividades de los humanos.

Algunas normaron la guerra y otras hasta pretendieron establecer por edicto o que la gente debía pensar, ¡como si esto fuera posible!-casi gritó.

Prohibieron todo lo imaginable e inventaron todos los castigos posibles ¡hasta irse al infierno después de muertos! Si no te comportabas como debías.

Los gobernantes llegaron a crear otro de los grandes dioses de tu tiempo, "EL DERECHO".

Es extraño, pero las leyes le han servido al hombre para pasar de un estado salvaje a otro medio salvaje que en tu tiempo llaman civilización. Debo reconocer que el derecho le ha sido útil a quienes habitan el tercer planeta del sistema denominado por ustedes como solar, para hacerle conciencia de los demás; sin embargo, lo ha dividido y lo ha hecho más agresivo y brutal.

Pero de la misma forma que una embarcación sólo nos sirve para pasar sobre el río o el lago o el mar, ya que hemos cruzado debemos dejarla de lado, no sería lógico seguir cargándola pues nos estorbaría; así el derecho está viviendo sus últimos días y deberemos dejarlo, so pena de que se convierta en un estorbo para la evolución de todos los hombres.

Mientras tanto, todavía vives en la época del derecho, de las leyes, pero ¿de verdad crees que con mas leyes cambiarían las cosas?

Yo te aseguro que con menos leyes todo mejorará.

Cierra tus ojos nuevamente-casi me ordenó- y yo en forma automática obedecí:

Empecé a ver tribus nómadas de la prehistoria donde el jefe del grupo lo era todo, el que gobernaba, el que tomaba decisiones pero, sobre todo, el que hacía las leyes, juzgaba y sancionaba. Pude ver las grandes injusticias que aquellos hombres cometían sobre sus hermanos. Las preferencias, el poder, el nepotismo, la conveniencia y la venganza movían la voluntad de aquellos primeros dirigentes.

También pude ver a unos pocos que deseaban el bien de todos pero fueron los menos y por lo general sus sucesores echaban por tierra todas sus buenas intenciones.

Estos primeros gobernantes fueron dueños de haciendas y vidas y un simple pestañeo podía significar ser objeto de los castigos más severos.

En esa época cada clan o tribu tenía sus propias leyes y el derecho se manifestaba en las costumbres o en la religión y eran tan simples y tan conocidas por todos que no había necesidad de ponerlas por escrito.

Entonces observé a los sacerdotes, quienes en nombre de Dios o de los Dioses también entraron al juego.

Pero aquellos hombres, siempre conquistando a sus vecinos, llevaban consigo su forma de ver las cosas y lo primero que les imponían a los vencidos pues, por supuesto, eran sus leyes, amén de las que inventaban especialmente para sus nuevos vasallos. A través de la conquista se imponían tributos, religión, trabajo y todo lo imaginable.

Así llegamos a los primeros grandes imperios y culturas como la de los sumerios o como la de los egipcios o como la de los persas, fenicios, griegos, judíos y romanos en el medio oriente u otras como la china y la india en el este y centro de Asia o la maya, tolteca, olmeca y azteca en América; todas ellas basadas en las mismas premisas y donde las leyes quedaban al arbitrio de los gobernantes vencedores.

Civilizaciones, todas, que se complacían estableciendo leyes, las cuales eran violadas tarde que temprano. Pero como ya no era posible que el Rey o el Emperador juzgaran todos los casos, entonces surgieron los jueces.

Si en la época de los reyes-jueces alguno había sido justo y ecuánime, como el famoso Rey Salomón, cuando los jueces inician su función la justicia y las leyes se separan irremediablemente.

Por mi mente pasaban los millones de gentes que pasaron por las prisiones, las atrocidades y los tormentos que sufrieron ellos, sus familias y amigos; vi la soledad, el dolor, el miedo, el odio, la incomprensión y el deseo de venganza. Vi a muchos que murieron dentro de esas cárceles y a aquellos otros que morían por aplicar la ley del talión, esto es, ojo por ojo y diente por diente.

Vi a legisladores que se complacían en crear prohibiciones pues veían la vida como si fuera una roca y a la ley como el cincel con el cual grabar su propia imagen en la roca. Vi a los miles de tribunales que se crearon en todo el mundo, en todas las épocas y en todos los países y como, los hipócritas y vengativos se establecieron como jueces.

En segundos pasaron por mi mente gente como Poncio Pilatos juzgando a Jesús o a Herodes juzgando a Juan el Bautista, a Nerón acusando a los cristianos de todos los males de Roma y también vi a los cristianos juzgando a muchos mas a través de la Santa Inquisición, la que de santa solo tenía el nombre; observé a quienes juzgaban y condenaban a las brujas, vi los juicios a los indios en toda América y los de los negros en Sudáfrica y en Estados Unidos. Vi los juicios de los que se sentían dueños de pueblos y naciones, los juicios de los Nazis a los judíos y de los aliados a los Nazis, vi los de los soviéticos a sus propios disidentes, vi los eternos juicios de los ricos contra los pobres y de los que odiaban a otros por pensar diferente. También vi las ejecuciones, todavía en mi mente tengo a las mujeres que son apedreadas en los países árabes por supuestas infidelidades. En fin, ¡que no vi!

Lágrimas y más lágrimas, azotes, tormentos, palacios negros de odio y venganza, Sinsin, Alcatraz, Lecumberri, la isla del diablo, la Bastilla, San Juan de Ulua, Siberia y sus gulags y todos los reclusorios del planeta.

Cuantos días perdidos, cuántas vidas desperdiciadas, cuánto miedo y rencor, sentí desgarrarme por dentro, el estomago se me contrajo y pensé que iba a vomitar.

Se me hicieron realidad todas las miserias de quienes están y estuvieron presos y como les cayó encima el poder, la corrupción, el miedo y todas las bajezas imaginables.

Las lágrimas y la lástima brotaron de mi interior; sentí compasión y por momentos creí escuchar dentro de mí:

> *Te sientes superior a los criminales y crees que con la piedad o la compasión resuelves el problema, en realidad tu te equilibras con tu dolor pero, de eso a la justicia falta la mitad del camino.*

> *¿Quién puede juzgar a otros y menos condenarlos? ¿quién? Y me refiero a los supuestos buenos y a los supuestos malos.*

> *Podrás juzgar a los demás cuando te conozcas a ti mismo, ahora dime: ¿Quién entre nosotros es culpable y quién inocente?*

Os suspiró y adujo: *ustedes dicen que en la prisión y en la enfermedad se conocen a los verdaderos amigos, ¿o no?*

Yo te diría que la cárcel, la falta de salud, la vejez y la muerte son los aliados permanentes del destino; nada como uno o varios de ellos, incide y cambia radicalmente el proceder de los hombres; ya sea para bien o para mal, ya sea con aceptación o con rechazo y rebeldía.

Pero como quiera que sea, piensa en que todos participamos en las culpas de quienes cometen cualquier falta, observa como todos los integrantes de la sociedad somos tan culpables de equis falta como el propio infractor. ¿Acaso te sientes inocente por los robos que se cometen? ¿No crees que el sistema que tu ayudas a sostener y tus propios prejuicios, incitan y promueven el robo?;acaso tu egoísmo y la existencia de aquello que llamas "tu propiedad", no genera envidia?

Cada vez que veas a un ladrón o a un pordiosero, pregúntate: ¿Qué he hecho o he dejado de hacer para que mi hermano haya llegado a esto?

Y qué decir de los millones de faltas que establecen las leyes, ¿tú no has cometido ninguna?. Cuando vuestro esposo o esposa os ha sido infiel, ¿acaso vosotros no has tenido alguna culpa por ello?

Cuando veas a un ser humano que se atrevió a quitar la vida a otro, ¿no piensas en el dolor que el otro le infringió? Y aquí deberíamos preguntarnos ¿será mas grave matar el cuerpo o el espíritu?

Cuando ves tanta drogadicción y alcoholismo, ¿crees ser inocente?

Pregúntate por que las leyes son tan radicales. Puedes recordar la época de la prohibición del alcohol en los Estados Unidos, por allá de los años mil novecientos veinte, ¿Cuánta gente fue a las prisiones? ¿Cuántas más se murieron en aras de hacer cumplir las leyes? Y, por otra parte, ¿Cuántos crees que infringieron la ley y nadie lo supo?; pero al pasar el tiempo, ya no digas ahora después de muchos años, sino entonces, en el momento en que la ley se abrogó, aquello que había sido delito, de repente ya no lo era, los delincuentes se convirtieron en personas honestas que crearon empresas y trabajos para producir alcohol. Y ahora, el producto que venden es la diversión preferida del hombre de tu tiempo.

Sonriendo, me preguntó: ¿en la actualidad te atreverías a castigar a quién produce cualquier clase de alcohol, se llame como se llame? ¿No, verdad?, pero en el fondo sabes que estos empresarios honestos son los culpables de millones de muertes, de los sufrimientos de otros millones que se generan por el vicio del alcoholismo. ¿Cuánta miseria hay alrededor del alcohol? ¿Cuántos delitos en bares y cantinas? ¿Cuántas familias sufren por ello? Y sin embargo todavía seguimos permitiendo que se envenene la mente de los niños y de los adultos con sus anuncios.

En tu época hay un rechazo total a las drogas, millones mueren, otro montón se corrompe y muchos más se embrutecen por las drogas. Todas las policías buscan culpables, las prisiones rebosan de infractores y los jueces sancionan sin clemencia. Esto ha creado súper millonarios que todo lo pueden y que en los medios en que se mueven son tan respetables como el cura de sus pueblos. Las policías y los ejércitos los acosan y, según se lee en periódicos y se oye y ve en las noticias de radio y TV, todos los días se capturan delincuentes y se decomisa droga. Cualquiera pensaría que de tantos que han capturado ya se deberían haber acabado, pero no, tal parece que en lugar de disminuir aparecen más, como el monstruo aquel al que se le cortaba una cabeza y surgían dos. Yo te pregunto ¿crees que con mas leyes van a resolver este problema?

Pues no, probablemente ayude mas despenalizar el uso de las drogas, ya algunas mentes brillantes de tu tiempo lo proponen, por lo tanto, no dudes que en el futuro se permita el uso de drogas al igual que el del alcohol y ¿entonces? ¿de que habrá valido tanto sufrimiento, tantas vidas deshechas, tantas leyes, tantos procesos, tantos muertos, tanto dinero gastado que mejor se hubiera invertido en educación o en salud?, ¿ridículo verdad?

¿Te das cuenta de la violencia que esta actitud genera? Los gobiernos piensan que sólo con más violencia se terminará, pero esto no es así,

recuerda que cuando alguien ataca la violencia con violencia, siempre queda algo sobrante.

Alguien dijo: "que haya paz en la tierra y que comience conmigo mismo".

A toda esta estupidez humana agrega los casos de inocentes que cargan con crímenes de otros, que se pasan años en prisión por algo que no cometieron, tú sabes de casos muy conocidos.

Por lo tanto te pregunto: ¿Cuáles crímenes y quiénes son los criminales?, en verdad quién pueda poner su dedo sobre lo que divide el bien y el mal, puede tocar el vestido de Dios. No olvides que el bien es lo que más valoramos y el mal es lo que más tememos y, sin embargo, lo que más valoramos y tememos, sólo está dentro de nosotros.

Entonces interrumpí a Os- le dije- pero ¿entonces los criminales deben quedar sin castigo?

El se rascó su frente pelona y me dijo: nadie queda sin castigo pues hay un elemento que olvidas que se llama "conciencia". Esta conciencia siempre va contigo, lo sepas o no, es parte de tu espíritu, yo diría que es la esencia del humano y ella siempre te hace recapacitar a través de algo que se llama remordimiento. A ese remordimiento al que te enfrentas tarde que temprano, antes o después de muerto.

Vuelve a leer "Crimen y castigo" de León Tolstoi y entenderás. Yo te aseguro que ese es el peor castigo, siempre el remordimiento es más grande que la falta; eso es justicia administrada por uno mismo con apego a una ley universal que voluntariamente acatamos, esto es, que nadie estableció. Para que me entiendas, solo hay una ley y esa es la ley de la Unidad, todo aquello que separe o que divida la transgrede pues somos parte de un todo, por lo tanto, esa unidad significa amar, comprender, comunicar, integrar y evolucionar, regresando a ese todo.

EL ÚNICO MANDAMIENTO:

*De ella se deriva el único artículo de los diez mandamientos que subsistirá por **todos los tiempos**: "**amarás a Dios sobre todas las cosas y a tu prójimo como a ti mismo**", al cual habrá que agregarle: "**y amarás y respetarás a tu medio ambiente y a todos los seres que lo habitan, pues Dios está en todo ello**"*

Todos los demás mandamientos perderán sentido, pues ¿quién con una visión cósmica y de carácter universal de unidad podría suponer siquiera la existencia de otros dioses?, en el futuro ¿quién se atreverá a hacer imágenes de Dios?, cuando sabrá que Dios es todas las imágenes. ¿Quién se atreverá a adorar nada ni a nadie? Sabiendo que el objeto de su adoración son ellos mismos a través de ideas e imágenes creadas en su propia mente. ¿Quién citará el nombre de Dios en vano? Si Dios no tiene nombre o tiene todos los nombres existentes. ¿Quién santificará un solo día de la semana? Si todos los días son santos y la vida entera es un ritual; si ya nadie trabajará ni seis días ni cinco ni cuatro ni uno, pues lo que actualmente llaman trabajo habrá desaparecido y la única actividad consistirá en conocerse a uno mismo y a los que lo rodean.

¿Quién honrará a su padre y a su madre, únicamente? Cuando sepan que deberán honrar a todos y a todo, sí, a sus padres físicos pero también al padre sol y a la madre naturaleza y al espíritu que no ha otorgado el soplo divino y a tus hermanos menores y mayores en el proceso evolutivo, concientes de que todos somos vehículo y senda.

¿Quién se atreverá a matar? Cuando sepa que nada muere y sólo cambia y que la muerte es una ilusión.

¿Quién cometerá adulterio? Cuando las personas ya no sean de tu propiedad.

¿Quién hurtará? Cuando disponga de todo y no desee nada.

¿Quién hablará en contra de su prójimo falso testimonio? Sabiendo que son uno sólo y que cuando hablo o critico a los demás, en realidad estoy refiriéndome a una imagen que he formado de él dentro de mí y que por lo general corresponde a un espejo de mí mismo.

¿Quién codiciará nada? Sabiendo que nada puede poseer y nada te llevas.

¿Quién se atreverá a crear leyes o sobre esclavos o sobre responsabilidades de amos y dueños o sobre restitución o sobre derechos humanos? Cuando el amor al prójimo sean una realidad.

Me apresuré a decir: oye Os, me da miedo no tener leyes que me protejan de otros, principalmente de los malos o de los poderosos o de los ricos, pensar en la desaparición de las leyes me quita seguridad. Sobre todo ve la confusión que existe en mi mundo, ve las revoluciones, las brutalidades que se cometen por todas partes, las guerras, la división que generan las ideologías, las religiones y los nacionalismos, que me dices sobre la injusticia y la violencia generalizada, ¿Qué debe hacer uno?

Estoy conciente de que todos tenemos códigos de conducta de acuerdo a la sociedad en que hemos nacido y crecido pero no me puedo imaginar tan libre. Es como si me quitaran el piso en el que estoy parado.

Entonces, volteando hacia mí y sonriendo, me dijo: *¿estás seguro que estás parado en algún piso o éste que ves solo existen en tu mente?*

En ese instante recordé que todo esto probablemente sólo lo estaba imaginando.

¡Bien!, recalcó Os, *empiezas a entender lo difícil que es observar las cosas como realmente son.*

Los hombres de tu época no ven al humano como un todo ni creen que básicamente sea espíritu. La mayoría suponen la vida toda como una suma de elementos químicos, desconociendo que la vida existió mucho antes que la materia y que todo lo que ven, no es sino producto de un cosmos espiritual que existía desde mucho antes de lo que te puedas imaginar. Con el enfoque cerrado que tienen, únicamente ven al individuo y sus necesidades y no al ser humano.

El individuo es una entidad local que vive en un país determinado que pertenece a una cultura X, a una sociedad Y y a una religión Z, es esa pequeña entidad condicionada por una familia, por algunos libros, así como por maestros y opiniones; es esa entidad que actúa en un rincón del vasto campo de la vida, casi siempre desdichada y frustrada de lo que quiere y debe ser, en comparación de lo que realmente es. Esa entidad satisfecha de sus pequeños dioses, de sus ilógicas tradiciones, de sus ideologías y prejuicios; es esa deleznable entidad codiciosa, envidiosa, agresiva, celosa, impaciente y desesperada con destellos ocasionales de amor y gentileza.

Esa pequeña entidad es la que vive desorientada por la política y por la situación económica, la que vive aterrada por la violencia y la brutalidad, preocupada por lo que le dicen los noticieros y sin esperanza de cambiar las cosas.

Es la que se ha acostumbrado al mundo que mira y que le toco vivir pues no tiene otra opción, es la que culpa a las circunstancias o a los demás o incluso a Dios de todo lo que no le agrada; es la que se ha vuelto indiferente y dura sobre lo que sucede en todo el orbe.

Es la que no le importa su medio ambiente ni las formas de interactuar sanamente con él.

Es la que establece leyes y castigos para que otros los apliquen y ella no tenga que ver el crimen de cerca.

Es la que trata de escapar tomando alcohol o drogas, plantándose ante la TV, gritando en un encuentro deportivo o buscando ávidamente cualquier otra forma de diversión.

Es la que, supuestamente, va a hacer algo y se adhiere a algún partido político o a alguna de las religiones institucionales y cree que así va a cambiar el mundo, es aquella que, muchas veces, se convierte en el guardián de sus hermanos pues cree saber lo que a los demás les conviene.

Es esa entidad que ignora que hasta que se libere del temor permanecerá en la obscuridad, haga lo que haga.

EL TEMOR Y LA VIOLENCIA:

Volteando a verme con ese mirada que parecía traspasarme, Os me preguntó: *¿conoces tus temores?* y sin esperar respuesta, continuó: *tu sociedad están tan corrompida que todos estáis aprisionados por alguna clase de temor.*

¿Acaso no tienes temor de no tener trabajo o comida o dinero?, ¿temes a lo que piensan y dicen de ti los demás?, ¿te da miedo perder tu lugar en la sociedad o a que no seas alguien?, ¿temes a las enfermedades que pueden caer sobre ti o probablemente temes a la vejez y a la muerte? O, ya sé, ¿le temes a los demás?

Una de las causas del temor es no querer enfrentarnos a nosotros mismos, tal como somos, y eso genera todo el sufrimiento humano, pues no saben lo que es real, están tan identificados con su yo, su ego, con su pasado, con su cultura, que creen que no hay nada dentro. Están apegados a tantas cosas irreales y viven tan atemorizados ante la posibilidad de perderlas. Por supuesto, ello incluye el miedo a perder la vida.

Ya ves, el temor surge de tu pensamiento y ello genera división y antagonismo y, también "violencia"

Tus inquietudes nacen de tu mente, pues si lo analizas, en este momento estás sentado en tu casa y nada te ocurre, nadie te amenaza ni te está quitando nada, pero atrás de todo, tu pensamiento interviene y te dice: "eso te puede pasar a ti", "prepárate para el futuro", "no dejes que eso que temes ocurra", "el futuro puede ser peligroso" o "algo que sucedió en el pasado pudiera regresar y sorprenderte", "podrías morir" o "podrías perder a quienes amas", "te podrían quitar tu trabajo", "puedes sufrir", "podrías quedarte solo", "tu pareja te podría abandonar", "los delincuentes o los poderosos podrían quitarte todo" o "que tal si los comunistas se apoderan de tu país e impiden que creas en Jesús" y "si te roban" o el máximo, "Dios te puede castigar" y así, hasta el infinito.

El paso siguiente, dentro de tu mente ¡claro!, es hacer algo, ¿o no?, cuídate de los criminales, cierra tu casa, pon alarmas, compra seguros, oponte a los comunistas o a los que lo parecen, cuídate de los que pertenecen a otras religiones y a otras razas, recela de los demás.

¿Observas la aversión hacia los otros, ves el odio, la agresión, el antagonismo y la violencia?

La única forma de evitarlo sería vivir en el presente, aquí y ahora, olvidándote del pasado y sin temor al futuro.

Entonces empecé a escuchar palabras en algo que me pareció Hindú:

> "Yo no quiero tener ni un aliento de odio, celos, ansiedad o temor dentro de mí. Quiero vivir completamente en paz; lo que no significa que quiera morir, quiero vivir en ésta tierra maravillosa, tan abundante, tan rica, tan hermosa. Quiero mirar los árboles, las flores, los ríos, las colinas, las mujeres, los niños, el mar y, al mismo tiempo, vivir en paz con el mundo y conmigo mismo. ¿Qué puedo hacer?: no veas únicamente la violencia de la sociedad- las guerras, los motines, los antagonismos nacionales y los conflictos- sino vela también dentro de ti.

¿Cómo se manifiesta la violencia dentro de ti? La violencia no consiste simplemente en matar a otro o agredirlo, hay violencia cuando usamos una palabra dura, cuando hacemos un gesto para echar de lado a otra persona, cuando te apartas de otros, cuando vendes, cuando compras y cuando recelas de los demás.

Lo dijo un tal Krishnamurti, ¿has oído de él? -Señaló Os.

Te das cuenta de tu violencia al estar preocupado por lo que pasará y por lo que te podrían hacer "los malos", signifique esto lo que tu quieras.

Ya sé- se adelantó a comentar- me vas a decir que existe una violencia justificada, ¿o no?, si alguien ataca a tu país, si alguien viola o mata a tu esposa o a tus hijos o a cualquiera perteneciente a tu familia, entonces está justificada tu cólera, entonces tienes razón de estar enfadado.

Si alguien se mete a tu casa e intenta robarte o matarte, pues existe la legítima defensa.

Si alguien critica tus opiniones e ideas, tus principios, tu manera de vivir, también es justo que te enojes; si alguien está en contra de tus costumbres y te insulta o incluso de pisotea, claro que tienes que reaccionar.

Si encuentras a tu esposa con otro, ¿acaso no sería aceptable encolerizarte? Pues es de tu propiedad ¿o no?

Todo esto que te he dicho es moral y legalmente justo para esa entidad de la que hemos hablado, pero no para el ser humano.

En tu tiempo, muchos se sienten lesionados o, cuando menos, amenazados por otros y sus estilos de vida: los drogadictos, los homosexuales, los prostitutas, los pobres, los nacos, los analfabetas, los sidosos y no sé cuantos más nos parecen peligrosos. La agresividad contra ellos existe porque son diferentes y quién no es como nosotros nos causa temor.

El individuo común y corriente no entiende por qué es que esa gente está viviendo esa experiencia, cree que por que son débiles o tontos o malos y por eso cayeron. Sin recordar que lo que "es" puede cambiar y seguramente cambiara, cuando esas personas vivan otras vidas y evolucionen en una mayor conciencia.

Pero recuerda que cuanto más duro seas con ellos, más pronto necesitarás ponerte en sus mocasines.

Me preguntarías ¿cuál debe ser la respuesta del ser humano?: pues muy simple, debe ser la misma que mostró Jesús cuando le llevaron a la adúltera: "quien esté libre de culpa, que tire la primera piedra, mujer, yo no te juzgo ni te acuso ni te condeno, puedes irte y no reincidas en tu actitud".

Te das cuenta de la reacción de un hombre sin violencia interior.

¡Claro!, para ello se requiere también dejar de lado tu imagen de gente importante, pues cuando más crees que vales más agredido te sientes. Al político, al rico, al que ha triunfado no se le puede hacer siquiera una mala cara, pues su auto-importancia le hace reaccionar y sacar esa violencia interna. Observa a todo aquel que se cree mas valioso que otros y verás que su comportamiento es similar.

Tú crees que alguno de ellos podría tener la humildad del hombre de Nazaret, crees que pondrían la otra mejilla después de recibir una cachetada, real o sicológica.

Tal vez habrás visto a algunos que adoptan esa actitud como pose para demostrar que ellos también pueden ser humildes, esos sólo son los hipócritas ¡cuídate de ellos!.

Hay otros que soportan la humillación y aún la pobreza, el maltrato y cualquier otro mal, pensando en la futura venganza. ¿Cuánta gente pasa una vida entera inmersa en esa violencia que los corroe y los corrompe?

Una de las cóleras más justificadas de tu tiempo, es cuando debes odiar e incluso matar por tu patria, por tu bandera o por tu ideología o por tu religión. Los gobernantes y líderes manipulan a sus pueblos a través de la prensa y los medios informativos y los convencen de luchar contra otros.

¿Recuerdas las campañas contra los Nazis y los japoneses, después contra los coreanos y los vietnamitas, contra los rusos y los chinos y, en general, contra todos los comunistas?, bueno, eso en occidente, pero del otro lado los malos eran los estadounidenses y los ingleses. Últimamente te dicen que odies a los iraquís y a los iranís y, a ellos les dicen que odien a los americanos o a los cristianos.

Esto es tan irónico que en poco tiempo ya no deberás odiar a los rusos o a los chinos, pero ya encontrarán algún otro.

Dentro de cada país pasa lo mismo, como consideras enemigos a los de otras ciudades o pueblos, a los que perteneces a otros partidos políticos que no concuerdan con las ideas del tuyo o, simplemente, a los que no son como tu: los indígenas, los gay, los cholos, etc.

Te das cuenta como los hombre son manipulados para sentir odio contra otros hombres y ello, a pesar de que aquellos no les hayan hecho nada, pero ¿Qué tal si después y nos hacen algo?

Y así los hombres esgrimen sus armas contra molinos de viento, todos contra todos, pero ¿Qué puedes hacer?

¿Crees poder ver al político o al periodista sin violencia? A pesar de que estás conciente de su manipulación ¿podrías observarlos sin juzgar, condenar o justificar sus acciones? ¿Difícil no? En este momento, aquí tu y yo los estamos juzgando y vemos el daño que nos hacen ¿al respecto podríamos no tener violencia dentro de nosotros en contra de ellos?

Algunas personas de tu tiempo son extrañas, pues con el fin de librarse de la violencia, han creado el concepto contrario: "la no violencia", ellos salen a las calles a manifestar que están en contra de la violencia y a favor de la paz, pero en realidad con su actitud solo demuestran violencia y cólera, la eterna acompañante.

En una de esas manifestaciones, tan en boga en tu planeta, observa los gritos, las pancartas, las actitudes de quienes, como borregos, también se han dejado manipular por otros líderes; observa la violencia implícita que esas manifestaciones generan en los participantes y en los demás, sí, en los comerciantes que tienen que cerrar sus negocios, en los automovilistas que tienen que quedarse varados o desviarse para llegar tarde a donde iban, en los transeúntes que se sienten temerosos de aquella turba, en la actitud prepotente de la policías o soldados que deben dizque cuidar el orden y que a la menor provocación arremeten con coraje en contra de cualquiera.

Tímidamente me atreví a replicar a Os: pero..... ésto es un circulo vicioso o como algo de lo que no puedes salir. Si violencia y no violencia son lo mismo ¿Qué hacer?, ¿no debo odiar? ¿Debo tener amor en mi corazón? No sé.

¡No! enfatizó Os: eso es vivir en otro mundo hipócrita con dobles valores, sólo vive con comprensión, con humildad y si con amor, aquí y ahora, entonces la violencia desaparecerá.

En verdad te digo que esto no quiere decir que no tendrás que sufrir la violencia de otros —ahí está el mismo Jesús— pero si comprendes el sentido de tu vida y el sentido del mundo, todo esto no tendrá importancia, entenderás que es parte del proceso evolutivo de cada persona y que hay algunos que han nacido para experimentar la violencia y el dolor y que, a través de ellos, encuentran el camino verdadero de regreso al Padre.

Tampoco busques convencer a otros de tu verdad, pues en ello también hay violencia, sólo confórmate con barrer todos los días la puerta de tu casa y que los demás se preocupen por la suya.

CAPÍTULO VI

Contemplar un mundo en un grano de arena
Y un cielo en una flor silvestre
Sostener el infinito en la palma de la mano
Y la eternidad en una hora.

William Blake

Os dejó de lado aquel libro y viéndome a los ojos dijo:

*Para concluir con esto, te diré que hay una razón para todo.
Todo es parte de un plan donde acabaremos por armonizar
lo visible y lo invisible.*

*Trata de escuchar la vibración del transportador del agua
(Acuario) y cómo influye en tu tiempo.*

Por un momento creí escuchar palabras en alemán:

Así como el día en que al mundo vienes,
El sol saluda a los planetas,
De inmediato y de más en más tú creces
Según la ley, por la que te presentas.
Así debe ser, huir de ti no puedes
Así ya lo dijeron sabios y profetas

Y ningún tiempo ni poder fracciona
La forma acuñada que viviente evoluciona.

Os señaló: *J. W. von Goethe lo escribió.*

EL TRAGO AMARGO:

Esto nos permite suponer que cada comienzo lleva en sí, su fin, por lo que la humanidad, sin duda, tiene que pasar por ese parto necesario para que surja la nueva sociedad.

¿Qué cuanto tiempo falta? Y repitió: ¿Qué cuanto tiempo falta para que se presente ese parto indispensable para que vivamos en una sociedad diferente?, pues te diré que eso es relativo, ¿acaso le preguntarías al manzano sobre el minuto y segundo exacto en que dejará caer su fruto? ¿Seguramente ni el mismo lo sepa?

La caída de esa manzana depende de que las condiciones se hayan dado, depende de la cantidad de sol y de agua que recibió el árbol, esto es, de los días lluviosos y soleados o del riego que se le haya dado, dependerá de la calidad de la tierra y de las demás plantas sembradas a su alrededor, de las plagas que pudieran caerle y de muchísimas circunstancias más.

Lo cual quiere decir que no sabemos cuándo habrá madurado el fruto, sólo sabemos, eso sí, con seguridad, que la manzana caerá algún día. Lo sabemos desde el momento en que se sembró la semilla, podremos calcular que la cosecha se efectuará dentro de un rango de tiempo, pues todas las manzanas tienen inscrito dentro de su ser un tiempo de maduración similar, pero también dependerá del lugar que ocupe en las ramas, porque algunas manzanas caen antes que otras a pesar de estar en el mismo árbol.

Entonces solo puedo decirte que la nueva sociedad surgirá de un proceso de maduración parecido al del manzano o, si tú quieres, parecido al de cualquier otro ser vivo; las condiciones están dadas para que el parto se presente durante la primera parte del siglo XXI. Los primeros dolores ya se están presentando.

La tierra está empezando a protestar por el uso indiscriminado que se ha dado de sus recursos, los cambios en el clima, los terremotos y diversas calamidades se nos harán parte de nuestra cotidianidad.

El sol y la galaxia también mostrarán un cambio importante que sin lugar a dudas afectará a todos los seres del planeta.

Los sistemas de control de la humanidad: políticos, financieros, económicos, religiosos y demás, empezarán a colapsar.

La supuesta victoria de los norteamericanos y sus aliados sobre los iraquís con motivo de su invasión sobre Kuwait (1991) son el primer signo importante. No cabe duda que la primera trompeta ha sido tocada, de éste conflicto surgirán más guerras y al fin se dará la unión de árabes y persas, y el deseo de venganza. Todos ellos no perdonarán la cantidad de muertos que ha generado y generará la ambición de occidente, pues nadie puede negar que, en el fondo, de todos estos conflictos estará el interés por el petróleo.

La furia del Islam, arrasará todo a su paso.

Los primeros que sufrirán las consecuencias serán los europeos y los valores que representan como generadores de lo que hemos conocido como civilización occidental y dentro de esos valores, por supuesto, se inscriben el judaísmo y el cristianismo, los cuales serán el principal blanco del ataque del fanatismo religioso de esos países.

Pronto presenciaremos la primera guerra religiosa, si esto fuera válido, pues la verdadera religión siempre será opuesta a la guerra, pero, en fin, será la primera gran guerra entre las religiones formales.

De todo esto surgirá la desaparición de la Iglesia Católica como la conocemos y por supuesto del Papa y toda su organización.

El Islam tampoco saldrá indemne y en realidad ninguna de las otras religiones.

La marea humana de la media luna, apoyada por una marea todavía mayor, la de los chinos, se volcará sobre Asia y Europa, arrasando todo a su paso.

Las tiranías que gobiernan esos dos grandes bloques permitirán la creación de ejércitos constituidos por hombres perfectamente adiestrados para la guerra, con necesidades mínimas en comparación con las de los comodinos hombres de occidente, guerreros impulsados de un fervor y una fe como el mundo pocas veces ha visto en el pasado.

La Unión Soviética, en sus buenos tiempos, fue para occidente un adversario de cuidado por el simple hecho de que la vela de su embarcación era empujada por el fuerte viento de la ideología comunista, con su mesianismo intrínseco y su deseo de igualdad social; sin embargo, el imperio Soviéticos no tuvo la fuerza moral para cumplir con llegar a ser el dueño del mundo pues el comunismo basado en el marxismo-leninismo creó mayores injusticias que las que quiso resolver.

Basado en premisas económicas principalmente, perdió de vista el objeto de cualquier ideología, el fin de fines, que es el individuo y su felicidad.

Pero los imperios chino y árabe, que en este momento se están gestando, serán el adversario más grande que la cultura occidental haya enfrentado. Primero, por aquello que mueve a sus integrantes, como ya dije y segundo porque ya no se trata de salvajes con arcos y flechas a los que las naciones "blancas" se enfrentaron en el pasado, ahora serán hombres preparados con la misma técnica que crearon las naciones de occidente, ejércitos armados por esas mismas naciones, que sin darse cuenta que con su mercantilismo han venido cavando su propia tumba.

Hombres de países que ya no se enfrentarán con los blancos y barbados de antes, a los que temían por su ciencia y por la fuerza de sus ideologías.

Ahora los conocen y los conocen bien. De hecho han viajado a occidente y han convivido con su gente, además de que reciben diariamente la información que ellos generan, por lo que también se sirven de sus conocimientos y técnicas.

La pregunta sería: ¿de que lado estará Rusia?, pues lógicamente del lado de occidente, pues conforme el tiempo pasa, esa gran nación, rompecabezas de razas, costumbres y pueblos, tiende hacia los intereses de Europa, hacia los valores y economías europeas y sus dirigentes tendrán, cada vez más, una formación y una herencia de ese continente.

A pesar de ello, la lucha estará equilibrada y será la última pelea del hombre contra el hombre. Aunque será la más dolorosa y la más cruenta, pues llegará a todos los seres que habitan este planeta.

Ya no serán piedras, flechas o lanzas, ni siquiera balas y bombas; el armamento atómico, químico y biológico saldrá al fin de los arsenales donde ha estado guardado por tantos años.

Los inviernos atómicos, las plagas y enfermedades que se desatarán serán tremendos, las estructuras tradicionales de la sociedad y del orden no podrán subsistir. Los seres humanos lucharán por el agua, la comida, los combustibles y aún por el abrigo. Los más fuertes y crueles usurparán la autoridad. El desorden, la muerte, la injusticia y el mal se enseñorearán; el odio y la venganza serán los motores que moverán a los hombres y, por supuesto, quienes más sufrirán serán los más débiles.

Recuerda algo que muchos siglos atrás ya vieron profetas y videntes: el apocalipsis está cerca; San Juan el evangelista se está revolviendo en su tumba, donde quiera que ésta esté; San Malaquías observa tranquilo el paso por esta tierra de los últimos Papas; Nostradamus, sarcástico e intrincado, ríe a carcajadas esperando el cumplimiento de sus centurias y Holzhauser, Santa Hidelgarda, Edgar Cayce, los templarios, los constructores de la pirámide de Keops y muchos otros simplemente sonríen en diversos "más allá", pues los tiempos han llegado.

Una de esos visionarios: Catalina de Siena, le dijo en alguna ocasión al Papa Gregorio XI: "Ha pasado el tiempo de dormir, porque el tiempo nunca duerme, sino que pasa como el viento...." "para poder reconstruirlo todo es necesario primero destruir lo viejo, destruirlo todo, destruirlo hasta sus mismos cimientos"

Espero que el mundo recuerde las palabras de Jesús: "cuando vayas al juez con tu adversario procura en el camino arreglarte con él, no sea que te arrastre el juez y 'te entregue al alguacil y él te meta a la cárcel. Te digo que no saldrás de allí hasta que hayas pagado la última moneda".

Sin embargo, no te preocupes por lo que el mañana traerá, si dedicas tu vida a esperar la tormenta, nunca gozarás del sol. Éstas son las sombras de lo que puede ser.

Pero lo bueno es que de ahí surgirá el cielo nuevo y la tierra nueva donde estará el río limpio de agua de vida, resplandeciente como el cristal y el árbol de la vida, cuyos frutos y hojas son para la sanidad de las naciones.

De cada ser existente dependerá lo doloroso de la transición, por lo que la manzana podrá ser arrancada o caerá por sí sola cuando haya madurado.

¡Solo recuerda!: sería innecesario que sabiendo todo esto trataras de cambiarlo, pues por lo general se encuentra el destino por el camino que se tomó para evitarlo.

Después de saber todo ésto, dije: Me siento apesadumbrado y con gran temor de lo que vendrá. ¿Acaso ese será el fin? ¿no hay esperanza? ¿desaparecerá el hombre?

Sí —dijo Os— el hombre que conoces desaparecerá pero en él mismo está la semilla del nuevo hombre y de la nueva sociedad.

LA NUEVA SOCIEDAD:

Cierra tus ojos nuevamente, ordenó Os.

En ese instante percibí en mi mente una civilización muy avanzada.

Una civilización que dejó de vivir en ciudades y que carecía de gobiernos como los que conocemos. Pude observar que las máquinas hacían todo el trabajo y los humanos sólo eran supervisores y programadores, pues su vigilancia y reparación también se hacía a través de las máquinas.

Al ir viendo esa sociedad de quién sabe qué época, podía seguir escuchando la vos de Os que me explicaba lo que observaba, era algo así como cuando una recorre una ciudad en un autocar de turismo y va escuchando la voz del guía que le comenta sobre los edificios y monumentos o puntos de interés por los que va pasando.

Al ver todas aquellas máquinas y computadoras autosuficientes, Os me dijo:

Algunas culturas en el pasado quisieron lograr este estado de cosas, buscando que los hombres pudieran olvidarse del trabajo y sólo se dedicara a pensar, a crear y a vivir disfrutando de todo lo existente. Los Griegos y Romanos lo intentaron aunque a través del sufrimiento y la esclavitud. En esas épocas algunos concluyeron que había hombres que nacían para pensar, para estudiar y para encontrar los secretos del cosmos, pero que, para ello, era necesario que hubiera otros que nacían para hacer el trabajo sucio.

Pitágoras, Homero, Platón, Aristóteles, Horacio, Cicerón, Justiniano y demás, estaban convencidos de que la esclavitud era indispensable. Ese mismo criterio tuvieron algunas de las sociedades de los siglos pasados. Sin embargo, sociedades basadas en dichos principios no tenían muchas posibilidades de subsistir, como fue.

Por otro lado todos los humanos han estado convencidos desde tiempos inmemorables de que el trabajo les fue impuesto como castigo divino y que no existía otra posibilidad que seguir el precepto bíblico de "ganar el pan con el sudor de su frente".

No obstante, ya en tu siglo, algunos visionarios han empezado a soñar en que las computadoras podrán llevar a cabo todo el trabajo.

Bueno, pues esto se logrará en el futuro, sin duda.

La irreversible tendencia de la investigación y la rapidez de los descubrimientos en materia cibernética nos están llevando a ese estado de cosas que estas percibiendo, pues lo que ves, no es sino tu propio planeta en el futuro.

Pude observar pequeñas comunidades autosuficientes, donde todos los bienes y servicios están disponibles para todos, sin necesidad de dinero ni crédito, pues el sistema monetario desapareció. *Ya nadie acapara ni guarda, ¿para qué?, no tendría sentido,* dijo Os.

Todos disponen de energía no contaminante proveniente del agua, del viento y, sobre todo, del sol. Y se observa una sana simbiosis entre los humanos y su medio ambiente, aprovechando al máximo la abundancia de recursos de la tierra.

Os me explicó que las viviendas, las calles y parques que yo veía, se encontraban alineadas con la energía de la tierra. Podía observar que esas comunidades estaban distribuidas en círculos concéntricos y las cruzaban avenidas, como rayos de bicicleta, todas en dirección de un centro comunitario; algo así como las avenidas que llegan al arco del triunfo en Paris.

Pude ver a los robots moviéndose por todas partes, siempre al servicio de los humanos de esa época, valiéndose de la ciencia y la tecnología. *Esas máquinas dotan a los hombres de alimentación, vivienda, comunicaciones, diversión y todo lo que requieren,* me dijo Os.

En ese tiempo el hombre terrícola ya le habrá perdido ese miedo enfermizo a las computadoras, ya no temerá que puedan dirigirlo o, que como en las novelas de ciencia-ficción, puedan convertirse en los dueños de vidas y países, como si hubieran recibido algún soplo divino. Lo cual, enfatizó, no es sino un reflejo de lo que el humano es.

El hombre de esa época, dejando de lado sus fobias infantiles, sabrá utilizar esas herramientas que él mismo creó para su comodidad y beneficio.

Pude observan entonces, máquinas de sueño, tan avanzadas, tan autosuficientes, tan inteligentes, que materialmente no podía creerlo. No vi robots de forma humana, como muchos escritores y visionarios prevén para el futuro, en realidad sólo vi máquinas que parecían máquinas, lo que me hizo cuestionarme si las habría.

Entonces pude escuchar a Os: *el hombre de esa época ya habrá perdido su visión antropomórfica, ya habrá entendido que el universo está lleno de vida e inteligencia en formas diversas y no querrá exigir que lo inteligente tenga una forma determinada.*

Debo decirte que existe el riesgo de que en una época intermedia entre la tuya y la que observas, los hombres quieran utilizar a las máquinas para dominar a otros y entonces habrá seres con implantes cibernéticos y computadoras con formas humanas.

Pero eso dejémoslo de lado —señaló— mejor observa la organización de esa sociedad.

Como ves, todos los procesos de fabricación, construcción y distribución dependen de las máquinas y, los humanos, en cada comunidad únicamente se turnan para supervisarlas, por lo que su esfuerzo o su trabajo, pues es mínimo. Déjame decirte que incluso habrá en ese tiempo un tipo de maquina a la que entonces se le llamará CUANTICA, la cual utilizará cualquier tipo de material y lo convertirá, a través de un proceso alquímico, en el o los materiales que requieren y que automáticamente elaborará cualquier producto que le pidas, únicamente sobre la base de un modelo.

Observa, nadie trabaja y todos viven bien; sus necesidades básicas están cubiertas en exceso, hay suficiente comida, ropa y demás, aunque la variedad de esos bienes es limitada. Los humanos ya no necesitan 50 tipos de mayonesa o de pasta de dientes o de jugos de frutas, pues tienen lo mejor de cada uno de esos productos.

Todo lo que se requiere para vivir se solicita por vía electrónica, a través de sistemas que ustedes todavía no conocen, pero que se parecerán a las redes de comunicación como el internet, que actualmente se están empezando a desarrollar, ésta será la base de las comunicaciones y de la educación en el futuro.

Las máquinas y computadoras, como ves, siembran el campo y después cosechan, todo ello utilizando métodos agrícolas de excelencia, después llevan los granos, frutos y verduras a pequeñas instalaciones donde son empacadas y distribuidas o, en su caso, utilizados para crear ropa.

Ve que lo mismo pasa con todos los demás bienes indispensables para la subsistencia del hombre, las maquinas extraen materiales de las minas y yacimientos y los utilizan en la fabricación de objetos y casas.

Observa, nadie acapara, nadie guarda, nadie quiere más de lo que puede y quiere consumir.

Fíjate bien, no hay nadie que sea diferente por lo que come o tiene. Sus casas son confortables, cómodas y alegres, están rodeadas de jardines y de animales, pero a pesar de esto, ninguna es igual a otra, todas las construcciones manifiestan, por dentro y por fuera, los gustos particulares de quienes las habitan; formas, telas, muebles, adornos, colores son el reflejo de quienes las habitan.

En un mundo sin propiedades, cada ser humano posee lo que requiere durante su vida y, en ese inter, posee casa, vehículos, ropa, aparatos, etc., pero al morir no hereda nada, pues nadie requiere de aquello que dejó aquel que acaba de irse.

Existe un total respeto por el medio ambiente, por lo que todos los desechos son re- aprovechados por las máquinas.

Todos disponen de vehículos para movilizarse, tanto terrestres como acuáticos o aéreos, los cuales, como casi todo lo que usan, tienen una duración de por vida, no es necesario tener modelos nuevos, pues las máquinas las mantienen en perfecto estado.

Vi también a mucha gente trasladándose en transportes colectivos a velocidades vertiginosas.

Todo lo seguía escuchando de la voz de Os, pero simultáneamente continuaba viendo aquella sociedad como si estuviera en medio de aquella ciudad y de aquella gente.

Casi todo el trabajo que en tu mundo se realiza ha desaparecido por inútil y absurdo, al fin el humano pudo quitarse la maldición de "ganarás el pan con el sudor de tu frente".

Por supuesto ya no hay ejércitos y por lo tanto no hay guerras ni revoluciones y tampoco existe quien fabrique armas, los bancos desaparecieron al desaparecer el dinero y, con ello, desapareció la publicidad, las casas de cambio y de bolsa y toda esa organización financiera.

La burocracia, gracias a Dios, desapareció hace mucho pues ya no existen los impuestos ni vigilancia sobre los individuos y por lo tanto, toda la organización es innecesaria, inclusive la policía.

Los comercios y comerciantes dejaron de existir también y de la Ley de la Oferta y la Demanda ya casi nadie se acuerda. Los pocos que todavía llegan a pensar en ella lo hacen con el fin de estudiar las consecuencias de la estupidez humana en el pasado.

Los gobiernos y los partidos políticos ya no existen, aunque la democracia sí, pero sólo como una forma de tomar decisiones en las que participan todos los que integran esas comunidades, nunca para elegir a alguien que los gobierne o les ordene que deban hacer. El liderazgo que tienen algunos humanos de este tiempo es debido a su prestigio, a su capacidad, a sus valores, a su amor al planeta y al universo en el que viven, pero sobre todo a su sabiduría. Ese liderazgo no incluye el poder de mover gente, ni la de tener riqueza, lo cual como ya viste, no tiene sentido en esta sociedad; sin lugar a dudas es un liderazgo desinteresado.

Todas las decisiones se toman en conjunto y por votación de todos sus integrantes, para lo cual se utiliza el mismo sistema de comunicación por el cual se solicitan los bienes que requieren y redes de comunicación disponible para todos, por lo que en ese sentido son demócratas. Las maquinas cuentan los votos e implementan las medidas necesarias para llevar a cabo aquello que la mayoría decidió.

El humano de esa época se interesa por las noticias que generan los demás humanos en comunidades similares, en donde se habla el mismo idioma, pero esas noticias son básicamente sobre los avances en las investigaciones en lo científico, mental o espiritual, todos se interesan sobre lo que pasa en todo el orbe, aunque hay pocas cosas de importancia, pues ya no se generan las noticias, que en tu tiempo, absorbían el 99% de los tiempos en los medios; de vez en cuando se reportan siniestros involuntarios o catástrofes generadas por la naturaleza, pero no más.

Esto ha hecho desaparecer a los que fueron los sacerdotes del pesimismo, a los generadores del inconformismo y la negatividad, a los monstruos que siempre actuaron como activadores de muchos males de la humanidad, ¡sí! Me refiero a los periodistas.

Puedes observar que los hombres viven en armonía y pudiera decirse que al fin volvió a encontrar su paraíso perdido o, al menos, el que le había sido arrebatado por un atrabiliario Dios, que más parecía gobernante por lo arbitrario.

LA EDUCACIÓN:

En esa sociedad se estudia no con el fin de lograr grados o títulos académicos, sino por el simple hecho de saber. Muchas de las materias de estudio que son obligatorias en las escuelas de tu tiempo, ya no tienen sentido. Ya no se trata de retacar la mente del niño con infinidad de información, mucha de ella inútil, sino el objetivo es promover su creatividad, pues la información está disponible para todos en sus sistemas de cómputo y redes de información.

El objetivo de la educación es recordar lo que ya se trae consigo, la información del espíritu, la información de vidas pasadas y el contacto con todo lo que les rodea.

La mayor parte de la primera enseñanza tiene por objeto integrar al individuo a esa sociedad humanista, haciéndolo conciente de sus derechos y obligaciones con él y con los demás pero por amor, no por ley.

Y es que las leyes también desaparecieron, bueno casi todas, pues subsiste aquella de la que ya hemos hablado y que estableció un humilde carpintero: "Amarás al Dios que habita en todos los hombres y en todos los seres vivos"

Existen todavía, por supuesto, normas de respeto a los demás, pero ya no tiene sentido prohibir el robar.

El no matar subsiste como prohibición, pero como consecuencia de la ley fundamental antes señalada, pero ahora abarca también a los animales y plantas.

Al desaparecer los problemas económicos y tener los humanos todas sus necesidades básicas cubiertas, la mayor parte de los delitos han desaparecido.

En realidad en esa sociedad todo está permitido, pero los individuos rara vez trasgreden la norma básica. Con decirte que, es tal el valor por la vida y el respeto a los demás, que no ha habido un asesinato en cientos de años, al fin el humano es pacífico.

Los pocos que pudieran cometer algo irregular no son castigados, pues no hay policías y tampoco jueces, pues la sanción moral y el rechazo es suficiente para evitar incurrir en ello, de hecho se busca que cada ser humano recapacite y decida con su libre albedrío lo que es correcto. Por lo tanto desapareció la coercitividad, aún como forma de aprendizaje para los infantes.

El matrimonio también desapareció como institución, los hombres y mujeres o los hombres y hombres o las mujeres y mujeres se unen por amor y sobre todo para disfrutar de la vida y de ellos mismos. Cada uno decide por cuánto tiempo quiere convivir y aprender del otro.

Sí, también se unen para tener hijos, cuando así lo desean.

Ya no se requiere de apoyo económico de alguno de ellos y esto hace que la unión deje de estar influenciada, como en tu época, por la necesidad económica. Ya no importa quién eres o cuanto tienes, esos factores desaparecieron.

Al no haber un contrato matrimonial, los hombre y mujeres pueden dejar a su pareja cuando lo estimen necesario, sin embargo no lo hacen, pues en esa sociedad permisiva y liberal las personas adquieren conciencia de sí mismas, por lo que su unión no está influenciada por convencionalismos o por el deber ser o por la hipocresía.

Desde niños se les inculca una actitud de amor a la vida, a los demás y a la naturaleza, siempre inscrita en el apoyo de la sana relación de pareja de sus padres, la cual, a su vez, se fundamentó en el amor.

Existe un total respeto entre hombres y mujeres, no se perciben diferencias, de no ser las fisiológicas, claro, por lo que las relaciones están libres de exigencias mutuas.

Es indudable que al poder hacer los individuos lo que quieren, sin presión de ninguna especie, al no tener preocupaciones económicas ni de trabajo, que al no existir delincuencia, drogadicción, prostitución, explotación de los débiles, etc., todas las relaciones puedes desarrollarse sanamente.

Pude ver familias enteras disfrutando de la compañía de todos sus integrantes, rodeados de otras familias como ellos, gozando de la vida, disfrutando de los bosques y parques, pero sobre todo de su amistad.

Tal vez para ti es extraño –dijo Os– que una sociedad tan permisiva como esa, donde tu puedes hacer lo que desees contigo mismo, incluyendo tomar alcohol, drogarse o lo que te imagines, no ha creado seres desequilibrados, alienados, neuróticos o paranoicos, como temen muchos en tu época; en realidad, sucede lo contrario, pues nadie tiene que huir de nada, solo viven plenamente y disfrutan de su vida, lo cual incluye su propio organismo. ¿Quién quisiera hacerse daño o permanecer inconsciente por medio de algún estimulante que le perjudique todas las posibilidades que tiene de vivir plenamente.

En esa sociedad, los seres humanos dedican un 70% de su tiempo a la meditación y a divertirse, disfrutan de sus amigos y de las pláticas con ellos, se divierten jugando y aprendiendo a través d el arte: la música, pintura, la escultura, el teatro y demás, son el medio por el cual le dicen a los demás quienes son.

Un 10% de ese tiempo lo usan para viajar, las máquinas coordinan la posibilidad de que los hombres puedan conocer todo el mundo así como a otras personas y culturas de acuerdo a sus particulares preferencias. Disfrutan lo que dejaron otros humanos, las plazas, los edificios, las fuentes, su comida e incluso, sus manifestaciones folklóricas, que subsisten como una forma de diversión.

Otro 10% se utiliza para estudiar, se estudia la ciencia, la historia, la geología, la filosofía, entre otras materias y se realiza durante toda la existencia de esos seres. Sin embargo, ya no se estudia, como en tu época, a los grandes guerreros de todos los tiempos, ya no importa quien fue Gengis Kan o Napoleón, o Hitler o cualquier presidente de los Estados Unidos, ya a nadie le importa en qué fecha nacieron o cuando y porque decidieron iniciar una guerra, en realidad en ese tiempo tratarán de olvidar tanta estupidez.

El último 10% es gastado en apoyo a la comunidad en lo que podríamos llamar realmente trabajo. Los técnicos arreglan y supervisan a las máquinas y construcciones, como casas, carreteras y demás. Los planificadores prevén las necesidades futuras y, en conjunto, con la aceptación de todos, toman medidas para hacer lo necesario. Los investigadores analizan los productos que su sociedad demanda con el fin de mejorarlos, establecen proyectos para estudio de la naturaleza, la historia o la forma en que funcionaban culturas de otras épocas, prevén lo necesario para viajar a otros planetas y para llegar a conocer y comprender todo el universo. Los médicos estudian las pocas enfermedades que quedan y su cura, y así todos los demás.

Es importante señalar que casi no existen enfermedades, primero por el avance que tuvo la ciencia y segundo porque al ser los humanos seres equilibrados física, mental y emocionalmente, no existen todas las enfermedades que se generan en tu tiempo por el estrés y por ese deseo de ser cada día más, mas importante, más rico, más famoso, más todo. Cuando el humano vivió en concordancia con su medio, dejó de preocuparse por todo y dejó de tratar de ser lo que no es, en ese momento su organismo físico dejó de generar enfermedades. Los médicos de esa época saben que casi todas las enfermedades se generan en la parte emocional y espiritual del individuo.

No cabe duda, el hombre de esa época es emocionalmente equilibrado y, esto es así porque el medio y su educación así lo condicionan. Recuerda que alguien dijo que el ser humano al nacer es siempre un proyecto.

Al infante desde sus primeros balbuceos se le enseña a auto-observarse y a ir puliendo su carácter, liberándolo de agregados psicológicos dañinos. Más que aprender matemáticas o historia o geografía, el niño aprende a no ser egoísta, a eliminar su auto-importancia, si la hubiera generado, a eliminar su vanidad, su ira o su lujuria –vista ésta como una exageración de la sexualidad-, su envidia o su orgullo.

Los conflictos entre personas casi no existen y, en los pocos casos que se presentan, las causas y efectos se corrigen sin que nadie salga herido.

De hecho la influencia de los padres, la escuela y de todos los demás, siempre está basada en las características y aptitudes que cada niño trae desde su nacimiento, no sobre lo que los educadores creen que es mejor para ellos. En esa sociedad se trata de mantener la belleza, la pureza, la honestidad, la simplicidad, etc., con la que cada uno nace. Por supuesto ya no existe influencia de sacerdotes, pues las religiones institucionales desaparecieron.

Ninguna sociedad en el pasado ha sido tan religiosa como ésta pero no con los criterios de religiosidad de tu tiempo, puedes ver que no hay iglesias pues ellos saben que Dios está en todo lugar, incluyéndolos a ellos mismos.

Como te decía, las religiones institucionales desaparecieron hace mucho tiempo, el hombre ya no necesita de intérpretes de la voluntad de Dios y el poder económico, social y político que reportaban éstas dizque religiones, no tienen razón de ser.

Ya nadie es católico o cristiano u ortodoxo o mahometano, budista o sintoísta, ni hinduista o el nombre que quieras darles.

La eterna división entre ciencia y religión dejó de tener sentido, pues saben que una y otra se complementan. Ya no existen puntos de vista encontrados y tampoco fanáticos que quieran que en un solo libro se encuentre toda la sabiduría y todo el conocimiento.

En tu tiempo- tú lo sabes bien- hay una parte de la ciencia que se basa en teorías fantasiosas o poco sustentadas, debido a que con datos aislados algún grupo de académicos o pseudocientíficos crean teorías de como se creó el universo o cual será su fin, o como empezó la tierra, el sol y todo nuestro sistema o como se inició la vida y como evolucionó hasta llegar al humano, entre otras. Estos creyentes de la ciencia tratan de penetrar la realidad con el pensamiento y, mediante leyes, quieren introducir un orden en las diversas formas existentes; para ello, establecen teorías con las cuales, se supone, se entiende y comprende mejor la realidad.

Estos "científicos" se fijan en su mente sus puntos de vista y los defienden con tanta fuerza y fanatismo que, a veces, dan la impresión de ser enfermos mentales. Ellos se convencieron de algo y desean convertirlo en verdad absoluta para todos. Sin embargo, cada generación que pasa se encarga de tirar los ídolos que la anterior creó, porque se hacen nuevos descubrimientos, aparecen nuevos indicios y así, todo cambia.

En tu época, cada grupo de nuevos científicos consideran que esos errores fueron cosa del pasado y que eso ya no ocurrirá pues ahora ya tienen la verdad, lo cual, a la larga, también resulta falso y alguien demostrará que se equivocaron.

En la época que observas esa especie de fanatismo ya no existe, los humanos todos, son científicos, esto es, se dedican a la investigación de la ciencia pero con una apertura mental que difícilmente entenderías. Ciencia y religión ya no existen por separado sino son parte de una sola unidad llamada "el conocimiento". Tal vez sea extraño para ti saber que ésta integración se generó a través de lo que en tu tiempo se denomina "esoterismo".

El esoterismo siempre guardó el conocimiento y la verdad, incluso la verdad histórica, pero sobre todo, la esencia de la religión universal.

Te diré que no pasará mucho tiempo para que, lo que ustedes llaman ciencia, se abra a todo el conocimiento.

En esta era que estamos visitando el hombre tiene una visión de unidad de todo el universo; él mismo, se sabe parte de un proceso evolutivo que tiene un objetivo, pero sabe que ese proceso no es físico ni biológico, sino espiritual.

Las teorías de Darwin pasaron a la historia, pues aunque se basaban en la evolución, no estuvo siquiera cerca de imaginar o suponer que era lo que la generaba.

El conocimiento de los siglos por venir nos dirá que todo lo que existe, desde las partículas subatómicas hasta las galaxias, todas forman parte del mismo proceso que consiste en reunificarse con el ser supremo.

La reencarnación ha sido estudiada, descubriéndose que es el mecanismo que nos mantiene siempre en el camino evolutivo.

Los humanos de la época que observas, nuevamente han entrado en contacto con seres de otras dimensiones y otros planetas, sí, de esos que ahora llamas muertos y con los espíritus jardineros y vigilantes de vuestro mundo.

No es casualidad, el respeto que se tiene por todos los demás seres del universo, la total desaparición de las leyes y los gobiernos, la existencia de una economía basada en los recursos y no en la acumulación, han generado una cosmovisión diferente.

Todos los hombres saben que la muerte no existe, que únicamente es un cambio de estado, que es inútil matar como venganza o como castigo, pues la esencia del ser no puede morir como tampoco muere la esencia de todo lo que vive.

Los humanos entendieron que es innecesario adorar al hijo de Dios, pues en realidad todos lo somos, que no tiene sentido crear mesías o profetas o Dioses, ya que éstos no eran sino la proyección de nuestra mente, ¡Sí, así es!, por eso los europeos y americanos los crearon blancos, los orientales los hacían amarillos, los africanos los hacían negros y así, todos. Al verdadero Dios, por supuesto, esto no le importa, él es todas las razas y todos los nombres.

No podemos negar que muchos de esos profetas o mesías fueron grandes iniciados que proclamaron la enseñanza verdadera, aquella eternamente válida, pero que la tuvieron que interpretar y manifestar inscrita dentro de la cultura que los vio nacer. Sus mensajes mantuvieron una parte de la sabiduría de todos los tiempos y por ello, debemos vivir agradecidos con ellos.

Déjame decirte que en un futuro cercano al tuyo, todos empezarán a entender esto, por lo tanto se terminarán las agresiones en contra de los integrantes de otras religiones, pues entenderán que sus particulares rituales solo han sido un marco dentro del proceso evolutivo. Es por eso que te decía antes que desaparecieron las iglesias y las religiones institucionales que solo buscaban poder, pues entendieron que la enseñanza y el conocimiento puros unen a los hombres nunca los dividen.

Así dejaron de recelar de los otros que no son o piensan de determinada forma y, esto, solo fue posible al percibir el amor que surge de una visión de unidad. Por eso te decía que las enseñanzas de todos esos profetas se unirán en una sola, las religiones se unirán en una sola y aún las razas se unirán en una sola.

En el norte y centro del continente americano, en los países que hoy conoces como Canadá, Estados Unidos y México se están dando los primeros pasos para esa integración de razas y culturas, esa unión de ideologías y creencias, hasta llegar a la situación que existe en el mundo que observas.

Por un momento, pensé como sería la vida y la educación en una sociedad tan liberal como ésta y, de inmediato, me vi en medio de unos jardines bellísimos, había flores y un pasto verde recién cortado, se podían observar andadores y veredas de tierra y de piedra, observé arboles de todo tipo, bosques enteros y, en medio de ellos, fuentes de aguas cristalinas y lugares donde sentarse. Observé un riachuelo y en él, peces de colores. Por todos lados se veían animales, pude ver venados y llamas, borregos y aves muy variadas.

En los árboles pude escuchar miles de pájaros que hacían un verdadero escándalo y algunos otros que gorgojaban y cantaban.

Entonces miré a algunos niños quienes con poca ropa metían sus pies en la fresca agua del pequeño río. Me dio la impresión de que hacía calor, pues algunos se encontraban desnudos y otros tenían puesta una túnica muy ligera.

Aquellos niños jugaban y reían, sus voces se escuchaban con claridad y en ellos percibía un gran entusiasmo.

Alrededor había otros niños tirados en el pasto y otros se veían trepados en los árboles, algunos otros estaban sentados junto a una de las fuentes y un adulto les platicaba una historia.

Algo que me extrañó fue el ver a dos niños abrazados de un gigantesco y viejo pino, con todo sus cuerpos pegados al tronco. ¿Qué hacen?- pregunté:

Recargan energías, oí dentro de mí; el árbol es un ser que permanentemente conecta la tierra y el aire, es un ser que absorbe y transforma la energía del sol y el agua, y que está sobre la tierra para enseñarnos la paciencia, para mostrarnos lo que es vivir sin moverse y sin tener que hacer algo; nos enseña a dar sin reservas, pues no cuestiona si quién corta su fruto, lo merece o no. Ésos niños están aprendiendo del árbol, están tratando de ser concientes de su estructura- sostén de tantas aves e insectos-, están tratando de respirar el oxigeno que produce y, sobre todo, están tratando de ponerse en contacto con el ser o, para que me entiendas, con el espíritu que habita en él.

Voltee y vi otros niños que flotaban en el río donde jugaban los demás, parecían estar en actitud de meditación.

Antes de que me preguntara nada, ya estaba escuchando dentro de mí: *el agua también enseña, también permite intercambios de energías con el ser humano y esos niños perciben la sabiduría del río. El río les platica sobre los lugares donde pasó y su agua les dice que antes estuvo en una nube y cayó en forma de lluvia y, antes aún, estuvo en el mar. Les platica de otros seres en los que vivió temporalmente y de sus sensaciones*

en todos esos viajes, pero sobre todo, los niños perciben el enigma del río,
esto es, que siempre pasa pero siempre permanece.

Al poner atención pude ver que casi todos los niños estaban meditando o aprendiendo de otros árboles, de la tierra, de los animales, de las flores, del viento y del mismo sol, aprendiendo de ellos mismos y su relación con todo lo existente.

Pude observar a un grupito pequeño que realizaba una especie de cata de Tai Chi, todos moviéndose al unísono y diciendo:

> Tomo mi corazón
> Y lo deposito en el suelo,

Todos se llevaron la mano al corazón y se agacharon como depositando algo en el suelo.

> Lo vuelvo a tomar
> Y miro al cielo.

Hacían como que levantaban algo y lo ofrecían al cielo.

> Y me dirijo al sol
> Y me dirijo a la luna

Con su mano derecha hacían el ofrecimiento a los dos astros.

> Y les ofrezco mi paz
> Y mi sosiego.

Y Colocando sus manos en el pecho.

> Y tomo la flor
> Que tiene mi alma
> Para que sea sembrada
> En un nuevo corazón.

Se veían alegres y confiados, no pude observar temor agresividad o vergüenza y creo que me quedé boquiabierto.

A lo lejos pude observar un edificio, era el único que se podía ver por ahí, parecía no tener muros y yo únicamente veía los techos que también parecían de algún material transparente, parecía flotar; sin embargo, cuando me acerque, pude ver que había columnas transparentes y que había grupos de personas, todos platicando entre ellos, se veían intercambiando sus percepciones y sus observaciones.

Me acerque y por un momento me di cuenta de que sin querer me había parado encima de una placa que estaba a ras de suelo, entonces brinqué, con cierto temor de que hubiera cometido alguna falta o algo irrespetuoso, aunque nadie reparaba en mi presencia.

Entonces leí lo que decía la placa: "ESTA ESCUELA LA DEDICAMOS CON AMOR A NUESTRA GRAN MAESTRA LA NATURALEZA A DIOS QUE EN ELLA Y EN NOSOTROS SE MANIFIESTA". "LEE Y MEDITA EN ELLO Y PASA AL RECINTO, NO SIN ANTES RECORDAR QUE EN LA PRIMERA PUERTA DEL TEMPLO DE LA SABIDURÍA HABÍA UNA INSCRIPCIÓN QUE DECÍA: CONOCETE A TI MISMO".

Como verás- escuché a Os- *la educación cambió y entonces el hombre y su mundo cambiaron.*

En esa época la escuela se acomoda a los niños, desparecieron los sistemas y la paranoia de programas que cumplir, ya no hay objetivos que lograr, ya no hay presiones sobre los educandos, ya no existe esa competencia enfermiza que es tan común en tu tiempo, pero, sobre todo, se acabaron las evaluaciones, las calificaciones y los títulos, las medallas, los honores y todo aquello que se le parezca.

Las lecciones son optativas, durante años los niños asisten a clases o no, no importa, pues no hay un tiempo límite. El 90% de la enseñanza consiste en meditar y aprender a integrar a su conciencia, los conocimientos indispensables para vivir, como sería el respirar.

Nadie acumula conocimientos sin ton ni son, para acumular archivos se tienen bibliotecas y computadoras, ya no existen persona que se sienta orgullosa de ser un erudito, pues todo mundo está en busca de la sabiduría no del conocimiento en sí. En ese lugar no importan las palabras vacías sino aquellas que se callan, aquellas que solo el silencio sabe. Los niños y adultos antes que acumular, observan y prefieren fluir, pues la meta de toda educación debería ser el encontrar conciencia y sobre todo felicidad, realizando todo con alegría.

Es extraño, pero no existe disciplina, ya que todos sabemos que ésta solo crea miedo y hostilidad, recuerda que solamente oprime lo que se reprime.

Todos los niños son juguetones, aún con los de los sexos opuestos, se tocan, se observan, se sienten, se escuchan, intercambian su forma de pensar de hombre a mujer y viceversa, procuran utilizar conscientemente sus dos lados del cerebro y, de esa forma, entienden y, cuando crecen, tienen una vida sexual sana y equilibrada.

Esta forma de educación inocente, sin prisas y como en juego, se mantiene hasta la vejez de los humanos de esa época, pues recuerdan las palabras de Jesús: "hay que ser como niño para entrar en el reino de los cielos"

Os estaba a mi lado y lo sorprendí observándome con detenimiento, tal vez tratando de adivinar mis sentimientos. Entonces me dijo:

En tu siglo existió un hombre que se llamaba Miguel de Unamuno, al que después de morir se le encontró entre sus escritos una poesía que dice así:

Y escuché dentro de mi:

> Padre, agrándame la puerta pues no puedo pasar,
> La hiciste para niños y yo he crecido a mi pesar,
> Si no la agrandas, achícame por piedad,
> Devuélveme a aquella época en que vivir era soñar.

Como ves, ya desde entonces existía la inquietud de volver a esa inocencia infantil y éstos humanos que ves, lo han logrado.

Observa a estos niños y jóvenes —me dijo con voz imperativa- *reciben algún conocimiento científico, como física, química, matemáticas o biología, pero solo en su esencia y con el fin de aprender cómo aplicarlo a su vida, sin importar la prisa ni el sistema, ni el éxito, sino lo que cada uno hace con lo que sabe, ¡eso es lo importante!. El conocimiento que no se vive es pecado, aunque no debes confundir el pecado con el mal. Acuérdate que el buscar el árbol del conocimiento y comer su fruto, es lo que generó la expulsión del paraíso. Bueno, eso dicen, me dijo sonriendo.*

La rectitud está en la sabiduría, esto es, en el uso del conocimiento, con amor, para regresar a Dios.

Esos niños, jóvenes y adultos tienen un amor impersonal y así entienden todo lo creado, se han puesto en armonía con su universo y con su alma y los aman a ambos, esto incluye obviamente a sus semejantes.

Su sociedad se liberó de la miseria humana que ustedes todavía piensan proviene del exterior, ellos saben que tener no resuelve nada, sino que primero deben trabajar en encontrar su espíritu, perfeccionando su mundo interno.

Por momentos pude apreciar a otros niños y jóvenes en actitud de meditación, respirando profundamente y mirando hacia dentro de sí mismos, observando su vanidad, su arrogancia, su pereza, su irresponsabilidad, su glotonería, su intolerancia, su soberbia, su envidia, su malicia, su mal humor, su crueldad, su agresividad y su ira.

Ellos se observan y analizan sus porqués y sus para qúes, sus justificaciones y el daño que les han hecho todos aquellos yoes o agregados psicológicos que en ocasiones duermen por años para surgir en cualquier momento. Como ves, todavía son humanos.

Y en ese análisis retrospectivo van puliendo su ser, dejando de lado la crueldad, la venganza, el autoritarismo, la mezquindad y el deseo de poder, que miles de generaciones atrás les han legado, y por los cuales el hombre siempre se enfermó. Casi han reducido a cenizas el egoísmo, la hipocresía y la estupidez, conscientes de que todo lo que perciben fuera, también está dentro de ellos. Han renunciado al ego y viven exclusivamente en el presente.

Por eso ve que nadie fuerza su voluntad sobre la de otros, nadie anhela poder y riqueza, y la vida diaria se ha convertido en un ritual permanente.

Nadie desea ser misionero y cambiar a otros, pues respetan el nivel del ser de cada quién.

Cada quién aprende cuando está maduro y encuentra la verdad en su muy particular camino, estas concientes en que la ciencia y el conocimiento son trasmisibles pero el saber, no.

Además, ellos saben que el saber siempre está presente y que, es cuestión de tiempo, encontrarlos nuevamente, cada uno de ellos conoce su finalidad en la vida, por ello son hombres con sentido.

Me vi nuevamente caminando por uno de los senderos que corrían entre los jardines, podía escuchar una especie de música ambiental, no estoy seguro pero me pareció Vivaldi y observé otras placas en el piso que contenían máximas que me indicaban el pensar de aquellos seres.

Una decía: "Nada puedes enseñarle a un hombre, solo puedes ayudarlo a que lo descubra dentro de sí mismo".- Galileo.

Otra decía: "Hay dos días por los que mi alma nunca ha languidecido, ese que ya pasó y ese que aún no ha llegado".- Omar Kakan.

Otra decía: "Yo soy yo y tu eres tú, pero tú también eres yo".

Alguna otra: "Todo el mundo es un escenario y todos los hombres y mujeres son sólo actores, ellos tienen sus salidas y entradas, cada hombre en su tiempo representa muchos papeles".- Shakespeare.

Otra: "¿Quién soy?".

Y otra más: "El hombre decide al final por sí mismo".- Victor Frankl.

Y escuché a Os decir: *En realidad la educación debe ser educación hacia la capacidad de decidir.*

Más allá había una más: Vale más encender una vela que maldecir la obscuridad".- Confucio.

Y junto: "Conforme a su virtud, el hombre juzga a los demás".- Lao Tse.

Otra: "Un sablazo habría podido ocultarme tu señal, cuando yo no sabía del todo sentirlo, pero ahora que ya estoy más enterado le en todo lo que antes se me ocultaba".- R. Tagore.

Y otra: "Lo poco que nosotros vemos contiene poco más o menos lo que nosotros somos" "hombre, no temas a nada, la naturaleza sabe el gran secreto y sonríe".- Victor Hugo.

Y: "Señor hazme un instrumento de tu paz".- Francisco de Asís.

Y otra: "La comunicación de la verdad por parte del alma es el suceso supremo de la naturaleza....y ésta comunicación es un influjo de la mente divina dentro de nuestra mente....todo momento en que el individuo se siente invadido por esa mente, es memorable".- Ralph Waldo Emerson.

Y una: "Quien no sabe nada, no ama nada. Quien no hace nada, no entiende nada. Quien no entiende nada, no vale nada. Pero quien entiende, también ama, observa, ve. Cuanto más se conoce una cosa, más se le ama".- Paracelso.

Había un pequeño círculo con otras que decían: "Si estás ligado en cadenas por el cuidado de tu persona, el mundo será como un velo para ti" "Sed lámparas en vosotros mismos, sed un refugio para vosotros mismos. No acudáis a a ningún refugio externo".- Buda. "Lo mejor no es para explicarse con palabras".- Tolstoi.

Y así había muchas más.

Oí a Os: *Como podrás comparar, en tu siglo la especie humana está llegando al tope de su evolución natural e histórica, lo único que le queda por hacer es dirigir la mirada hacia dentro de sí mismo, ya no necesitaréis loros que repitan lo que otros han hecho, ni guías, ni instructores.*

Muchos hombres de tu época al leer esto se escandalizarán y romperán sus vestiduras, pues no creen en la intrínseca bondad en cada uno, ellos quisieran conservar las cosas como están por conveniencia o, aquí entre nos, por ignorancia o, tal vez, porque su mente no se quiere abrir.

PRO VIDA:

Por un momento, oí otra voz:

> "El sistema económico está diseñado para producir hombres que se acomoden a sus necesidades, hombres que cooperen sin crear problemas y que quieran consumir

más y más, hombres de gustos uniformes y fácilmente influibles, hombres cuyas necesidades puedan anticiparse. La misma índole de éste proceso hace que nuestro sistema cree también hombres angustiados y aburridos, hombres que se sienten muy solos, hombres con pocas convicciones y contados valores. Y, lo más deplorable, hombres que no disfrutan de la vida. Hoy en día, la mayoría de la gente tiene poca vitalidad en su interior y con frecuencia se vuelve destructiva y violenta, porque la vida no vivida se venga de la vida, ahogándola, destruyéndola en sus manifestaciones".

Palabras de un tal Erich Fromm, dijo Os, *pero sigue escuchándolo:*

"La persona necrófila es atraída por todo lo que está contra la vida: anhela la certeza y **odia la incertidumbre; odia la vida que, por su misma naturaleza, nunca es segura, ni predecible y rara vez es controlable. Para controlarla, la vida tiene que ser fragmentada, cortada en pedazos, es decir ¡muerta!.**

La muerte, en efecto, es lo único cierto en la vida, pues el necrófilo huele a muerte por doquier. Tal como el Rey Midas transformaba en oro todo lo que tocaba, así el necrófilo mata todo lo que está vivo. Le gusta hablar de enfermedades, muertes, entierros, castigos, violencia, dinero y artefactos. La persona necrófila se siente atraída por todo lo que no crece, por todo lo estático, lo puramente mecánico. Transformaría gustosa lo orgánico en inorgánico.

Su visión de la vida es mecánica y burocrática, como si todas las personas vivas fueran únicamente cosas. Prefiere memorizar a comprender, tener a ser. Le atrae solo lo que puede poseer; de aquí que las amenazas contra de sus posesiones sean una amenaza contra su vida"

Cuántos conoces así: -dijo Os- esos que se asustarán de ésta visión del futuro, que no entenderán que el aprendizaje efectivo es aún más importante que la adquisición de conocimientos; de cualquier forma, tú y yo sabemos que la mayor parte de los conocimientos que te dan en la escuela, pues se olvidan.

Pero ésta sociedad que observas, es lo contrario, es biofílica, es próvida, es diversión, es juegos, es amor y trabajo interesante y creador, es disfrutar aficiones, es risa, es música y es danza.

Por un momento, me vi entre niños, jóvenes y adultos que cantaban y bailaban sin preocupación, me daba la impresión de que eran como esos indios que nos presentan en las películas del viejo oeste, todos moviéndose alrededor de una fogata, pero su baile y sus cantos tenían un sentido, eran eurítmicos, cantaban sobre el dar antes que recibir. La canción era muy bella y tenía un ritmo pegajoso, pero lo que más me llamó la atención fue que sus movimientos tenían un fin seguramente predeterminado, primero colocaban sus manos y brazos cruzados y pegados al cuerpo, pero conforme la música tomaba fuerza, cada uno de ellos separaba brazos y manos, haciendo gestos, cuyo significado, sin lugar a dudas, tenía que ver con dar y darse, en un primer momento hacia la izquierda, después hacia la derecha y después hacia todos los que participaban; extendían sus manos terminando en un gran abrazo colectivo de todos los que habían participado, pero en todo momento la idea motivaba los movimientos y viceversa.

Me dio la impresión de que todos aquellos que participaban lo habían disfrutado, se advertía tal alegría y camaradería, como pocas veces he visto.

¡Bueno!- dijo Os- es que próvida es también consideración por los demás y fe en todos los humanos.

Lo contrario se llama anti vida; compara con la gente de tu tiempo y verás que solo alientan la individualidad, la competencia y la división, no importa aprender, importa pasar exámenes y obtener grados y títulos, pues la mayor parte cree que vale más alguien que tiene un doctorado o una maestría, que aquel que únicamente cursó la secundaria. Podéis ver que se educa para la guerra, para el racismo, para el odio y para el horrendo nacionalismo paranoico y separatista. Anti vida es igual a deber, obediencia y poder.

No necesito decirte que a lo largo de la historia ha vencido la anti vida y seguirá venciendo mientras se adiestre a la juventud para que se acomode a las ideas y concepciones de los adultos convenencieros.

No es casualidad que en ésta sociedad que observas, hayan desaparecido la neurosis, el escapismo y el fanatismo.

Ellos aprenden desde niños que cada persona ve lo que espera ver a través de sus programaciones, tú observa a los capitalistas de tu tierra, como juzgan a los comunistas como gente mala o tonta o aprovechada, que se quiere quedar con todo el mundo. Y los católicos, como ven a los integrantes de otras religiones, como si fueran personas extraviadas, que no poseen la verdad y, sobre todo, que no entraran al reino de los cielos.

Paranoia que surge del cerebro, sin darse cuenta que en cada caso la mente se ajusta al sistema de creencias preferido.

Observa como la mayoría de las gentes que conoces están demasiado arraigadas a sus opiniones y como sus convicciones les aprisionan.

Bueno, pues la educación en el futuro, como ves, pretende que cada humano recuerde el borrico que lleva dentro, ese auto programador que lo lleva a uno hacia donde quiere en base a necesidades inventadas.

Por eso le llamo borrico, porque es como ese burro que jalaba una carreta y que caminaba tratando de alcanzar una zanahoria colgada de una vara y que el conductor usaba para moverlo, aunque nunca la alcanzara.

En la época que observas, ellos han aprendido que nadie está mal o bien, loco o cuerdo, alucinado o no alucinado, equivocado o no, pues éstos solo son juicios de valor relativos a los prejuicios de cada persona.

Si te fijas en tus relaciones y en las de quienes te rodean en tu tiempo, verás que se conforman coaliciones de grupos cuyos integrantes pactan para el control y el derecho a definir el juego que todos deben jugar, incluyendo el juego democrático, político, religioso, económico y demás. De ahí nace el nacionalismo y cualquier doctrina.

A eso agrégale los juegos que utilizas con los demás y las mascaras que usas para que no te lastimen o para que parezca que eres como ellos y, entonces, tendrás que a los hombres que conoces, en realidad, no los conoces. Por eso decía alguien, cuando quieras conocer a un hombre, no oigas lo que dice sino lo que calla, ya lo habíamos comentado, ¿te acuerdas?

Ésta conciencia que han logrado estos seres, los lleva a integrar en su interior los aspectos masculinos y femeninos y a equilibrar los mensajes de su cerebro izquierdo y derecho, los lleva a estar en armonía con los demás y con el universo.

También ya te había comentado, que esa actitud ante la vida ha logrado la casi desaparición de las enfermedades, que en tu tiempo, todavía obligan al hombre a tomar conciencia y a cumplir, lo quiera o no, con su destino.

Al fin, la curación total ligada a la elevación por el espíritu y con el espíritu.

En ese instante dejé aquel mundo ideal y utópico y me vi nuevamente sentado frente a Os. Me sentía reconfortado y esperanzado por aquellas imágenes, menos mal que no todo estaba perdido.

EPÍLOGO

¡En fin! —Dijo aquel hombre- *me tengo que ir, pues creo que mi misión ya concluyó y creo que mi objetivo ya se cumplió. Ahora de ti depende lo que hagas con lo que te he mostrado.*

Yo me apresuré a preguntar: ¿pero qué puedo hacer con todo esto que he visto o, bueno, que me has ayudado a ver?

¡Bueno! – dijo Os- *podrías meditar en ello por algún tiempo, analízalo, siéntelo, revívelo en tu mente hasta que hayas podido digerirlo.*

Cada vez que pienses en esta experiencia, vas a encontrar aspectos diferentes en los que probablemente no reparaste de momento.

Ya que creas saber que significó toda esta experiencia, ojala decidas ponerlo en negro y blanco, esto es, escribirlo.

¿Yo escribirlo?- exclamé- pero si nunca he escrito nada, al menos nada que pretenda llegar a otros. No soy una persona preparada, no soy un escritor.

Estás hablando como los eruditos de tu tiempo, más preocupado por la forma de decir las cosas, que por la idea central. Yo te diría que esto es como cuando te has sentido enamorado, ¿recuerdas?, la forma como te sentías era lo relevante, no como lo expresaste.

Cerró aquel gran libro y se levantó colocándolo entre todos los demás que se encontraban en los anaqueles.

Entonces le dije: hay algo más que quiero preguntarte.

Sí –dijo Os- *¿Qué es?*

Pues quiero saber quien escribió ese libro, ¿sería Dios?

¡No hombre! – se apresuró a contestar- *todo lo que está ahí son imágenes que todos los seres del planeta tierra van formando con sus muy particulares actitudes, sus decisiones y sobre todo, con sus hechos. Todo lo que piensan o hacen es un intercambio de energías y tiene una repercusión hacia todos los demás y hacia su planeta.*

Todo lo que hemos platicado forma parte de las ideas de todos los hombres que hasta la fecha han nacido, mucho de ello ya está escrito o dicho, nada he inventado, todo lo inventasteis vosotros los humanos.

¡Cierra los ojos!- me dijo con voz imperativa- y yo obedecía automáticamente.

Por momentos sentí que regresaba todo lo que había pasado con Os, era como si hubiera regresado una película, viendo las escenas de adelante hacia atrás, hasta llegar nuevamente a estar debajo de aquel árbol frondoso en la cima del pequeño cerro y ahí estaba Os. Debo reconocer que me sentí nostálgico, sin saber porque.

Recuerda – me dijo- *que las despedidas no son sino una preparación para el reencuentro, no te sientas triste pues nos volveremos a ver. Simplemente llámame y piensa en mí y con seguridad yo estaré a tu lado.*

Tomó mis manos entre las suyas y cariñosamente me dijo: *"Que la paz y el amor sean contigo"*, y juntando sus manos sobre el pecho y haciendo una reverencia, dijo: *"Namasté"*, *que significa yo honro el lugar en ti, en el cual habita todo el universo. Yo honro el lugar en ti que es amor, verdad, luz y paz. Cuando tú estás en ese lugar en ti y yo estoy en ese lugar en mí, SOMOS UNO.*

Yo no acerté a decir nada coherente, pero un nudo se hizo en mi garganta.

El desapareció y yo abrí los ojos; estaba nuevamente en la sala de mi casa, la luz estaba apagada. Me sentía eufórico y descansado, pero sobre todo pasmado por lo que había visto y sentido.

¿Habría imaginado todo?, ¿me habría quedado dormido y soñé? O ¿había sido real?.

¡En fin!, cual era la diferencia.

Voltee a ver la luz que entraba por la ventana y sentí deseos de salir a observar las estrellas.

Me levanté y caminé hacia la planta alta de mi casa, salí a una terraza que da hacia la calle y miré hacia arriba.

Solo vi una estrella brillante que parpadeaba con luces de colores. ¿Sería esa Sirio?

Quién sabe, me dije. Ya es tarde y me voy a dormir.

Por un instante creí escuchar dentro de mí.

"TU ERES MI PASADO, YO SOY TU FUTURO Y JUNTOS RECORREMOS Y EXPERIMENTAMOS ESTE UNIVERSO Y LA GRACIA DE VIVIR Y DE PENSAR".